Je m'appelle :

....

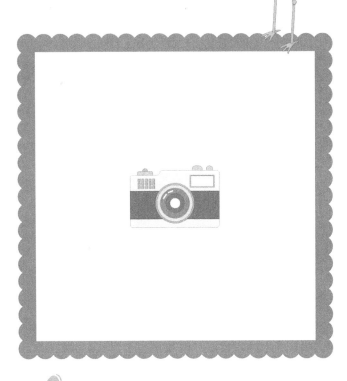

le : ....

à : ....

à : ....

je pèse : ....

je mesure : ....

Ma Maman

Nom : ....

Prénom : ....

Adresse : ....

....

personnel : ....

professionnel : ....

@ : ....

....

Mon Papa

Nom : ....

Prénom : ....

Adresse : ....

....

personnel : ....

professionnel : ....

@ : ....

....

Contacts utiles

♥

Nom : ....
Prénom : ....
Adresse : ....
....

📞 personnel : ....
@ : ....
....

♥

Nom : ....
Prénom : ....
Adresse : ....
....

📞 personnel : ....
@ : ....
....

♥

Nom : ....
Prénom : ....
Adresse : ....
....

📞 personnel : ....
@ : ....
....

♥

Nom : ....
Prénom : ....
Adresse : ....
....

📞 personnel : ....
@ : ....
....

♥

Nom : ....
Prénom : ....
Adresse : ....
....

📞 personnel : ....
@ : ....
....

♥

Nom : ....
Prénom : ....
Adresse : ....
....

📞 personnel : ....
@ : ....
....

Sommaire

Dans mon sac

- ....
- ....
- ....
- ....
- ....
- ....
- ....
- ....
- ....
- ....
- ....
- ....
- ....
- ....
- ....
- ....
- ....
- ....
- ....

Mes informations

Mes rendez vous

Date	Age	Avec qui ?	Observations
/ /			
/ /			
/ /			
/ /			
/ /			
/ /			
/ /			
/ /			
/ /			
/ /			
/ /			
/ /			
/ /			
/ /			
/ /			
/ /			
/ /			
/ /			
/ /			
/ /			
/ /			
/ /			
/ /			
/ /			
/ /			
/ /			
/ /			
/ /			

Mes vaccins

Date	Age	Nom	Observations
/ /			
/ /			
/ /			
/ /			
/ /			
/ /			
/ /			
/ /			
/ /			
/ /			
/ /			
/ /			
/ /			

Ma croissance

Date	Age	Poids	Taille	Observations
/ /				
/ /				
/ /				
/ /				
/ /				
/ /				
/ /				
/ /				
/ /				
/ /				
/ /				
/ /				
/ /				
/ /				

Mes découvertes culinaires

Date	Aliment	Observations
/ /		
/ /		
/ /		
/ /		
/ /		
/ /		
/ /		
/ /		
/ /		
/ /		
/ /		
/ /		
/ /		
/ /		
/ /		
/ /		
/ /		
/ /		
/ /		
/ /		
/ /		
/ /		
/ /		
/ /		
/ /		
/ /		
/ /		
/ /		

Mes découvertes culinaires

Date	Aliment	Observations
/ /		
/ /		
/ /		
/ /		
/ /		
/ /		
/ /		
/ /		
/ /		
/ /		
/ /		
/ /		
/ /		
/ /		
/ /		
/ /		
/ /		
/ /		
/ /		
/ /		
/ /		
/ /		
/ /		
/ /		
/ /		
/ /		
/ /		
/ /		
/ /		

○ Lun   ○ Mar   ○ Mer   ○ Jeu   ○ Ven   ○ Sam   ○ Dim   Age :

Coucher :   **h**   Lever :   **h**   Commentaire :

Repas

Heure	Biberon(s)	Repas / collation(s)
h	mL/g	
h	mL/g	
h	mL/g	
h	mL/g	
h	mL/g	

Dodo et Activités

h à **h**	○	○	
h à **h**	○	○	
h à **h**	○	○	
h à **h**	○	○	
h à **h**	○	○	

Couches

		Commentaires
○	○	
○	○	
○	○	
○	○	
○	○	
○	○	
○	○	

Médicaments et soins

Heure	Nom	Posologie
h		
h		
h		
h		

Bain   ○ Oui   ○ Non

Un petit mot...

○ Lun ○ Mar ○ Mer ○ Jeu ○ Ven ○ Sam ○ Dim Age : ....

Coucher : ......*h*...... Lever : ......*h*...... Commentaire : ....

Repas

Heure	Biberon(s)	Repas / collation(s)
h	...........mL/g	....
h	...........mL/g	....
h	...........mL/g	....
h	...........mL/g	....
h	...........mL/g	....

Dodo et Activités

h à *h*	○	○	....
h à *h*	○	○	....
h à *h*	○	○	....
h à *h*	○	○	....
h à *h*	○	○	....

Couches

		Commentaires
○	○	....
○	○	....
○	○	....
○	○	....
○	○	....
○	○	....
○	○	....

Médicaments et soins

Heure	Nom	Posologie
h	....	....
h	....	....
h	....	....
h	....	....

Bain ○ Oui ○ Non

Un petit mot...

....
....
....
....
....

○ Lun　○ Mar　○ Mer　○ Jeu　○ Ven　○ Sam　○ Dim　　　　Age : ....

Coucher : ..... *h* ..... Lever : ..... *h* ..... Commentaire : ....

Repas

Heure	Biberon(s)	Repas / collation(s)
..... *h*	.... mL/g	
..... *h*	.... mL/g	
..... *h*	.... mL/g	
..... *h*	.... mL/g	
..... *h*	.... mL/g	

Dodo et Activités

..... *h* ..... à ..... *h*	○	○		
..... *h* ..... à ..... *h*	○	○		
..... *h* ..... à ..... *h*	○	○		
..... *h* ..... à ..... *h*	○	○		
..... *h* ..... à ..... *h*	○	○		

Couches

		Commentaires
○	○	....
○	○	....
○	○	....
○	○	....
○	○	....
○	○	....
○	○	....

Médicaments et soins

Heure	Nom	Posologie
..... *h*		
..... *h*		
..... *h*		
..... *h*		

Bain　○ Oui　○ Non

Un petit mot...

....
....
....
....
....
....

O Lun O Mar O Mer O Jeu O Ven O Sam O Dim   Age :

Coucher : *h*   Lever : *h*   Commentaire :

Repas

Heure	Biberon(s)	Repas / collation(s)
h	mL/g	
h	mL/g	
h	mL/g	
h	mL/g	
h	mL/g	

Dodo et Activités

h à *h*	O	O	
h à *h*	O	O	
h à *h*	O	O	
h à *h*	O	O	
h à *h*	O	O	

Couches

Médicaments et soins

		Commentaires	Heure	Nom	Posologie
O	O		*h*		
O	O		*h*		
O	O		*h*		
O	O		*h*		
O	O				
O	O				
O	O				

Bain   O Oui   O Non

Un petit mot...

○ Lun ○ Mar ○ Mer ○ Jeu ○ Ven ○ Sam ○ Dim   Age : ....

....

☾ Coucher : __h__ ☀ Lever : __h__ Commentaire : ....

Repas

Heure	Biberon(s)	Repas / collation(s)
__h__	mL/g	
__h__	mL/g	
__h__	mL/g	
__h__	mL/g	
__h__	mL/g	

Dodo et Activités

__h__	à	__h__	○	○	
__h__	à	__h__	○	○	
__h__	à	__h__	○	○	
__h__	à	__h__	○	○	
__h__	à	__h__	○	○	

Couches

💧	💩	Commentaires
○	○	
○	○	
○	○	
○	○	
○	○	
○	○	
○	○	

Médicaments et soins

Heure	Nom	Posologie
__h__		
__h__		
__h__		
__h__		

Bain   ○ Oui   ○ Non ....

Un petit mot...

....
....
....
....
....
....

○ Lun ○ Mar ○ Mer ○ Jeu ○ Ven ○ Sam ○ Dim   Age : ....

Coucher : .... *h* .... Lever : .... *h* .... Commentaire : ....

Repas

Heure	Biberon(s)	Repas / collation(s)
h	.... mL/g	....
h	.... mL/g	....
h	.... mL/g	....
h	.... mL/g	....
h	.... mL/g	....

Dodo et Activités

h à *h*	○	○	....
h à *h*	○	○	....
h à *h*	○	○	....
h à *h*	○	○	....
h à *h*	○	○	....

Couches

		Commentaires
○	○	....
○	○	....
○	○	....
○	○	....
○	○	....
○	○	....
○	○	....

Médicaments et soins

Heure	Nom	Posologie
h	....	....
h	....	....
h	....	....
h	....	....

Bain   ○ Oui   ○ Non

Un petit mot...

....

....

....

....

....

○ Lun ○ Mar ○ Mer ○ Jeu ○ Ven ○ Sam ○ Dim   Age :

....

☾ Coucher : ...h.... ☀ Lever : ...h.... Commentaire : ....

Repas

Heure	Biberon(s)	Repas / collation(s)
h	mL/g	
h	mL/g	
h	mL/g	
h	mL/g	
h	mL/g	

Dodo et Activités

h à h	○	○	
h à h	○	○	
h à h	○	○	
h à h	○	○	
h à h	○	○	

Couches

		Commentaires
○	○	
○	○	
○	○	
○	○	
○	○	
○	○	
○	○	

Médicaments et soins

Heure	Nom	Posologie
h		
h		
h		
h		

Bain   ○ Oui   ○ Non

Un petit mot...

....

....

....

....

....

....

....

○ Lun　○ Mar　○ Mer　○ Jeu　○ Ven　○ Sam　○ Dim　　　Age :

Coucher :　*h*　Lever :　*h*　Commentaire :

Repas

Heure	Biberon(s)	Repas / collation(s)
h	mL/g	
h	mL/g	
h	mL/g	
h	mL/g	
h	mL/g	

Dodo et Activités

h à *h*	○	○	
h à *h*	○	○	
h à *h*	○	○	
h à *h*	○	○	
h à *h*	○	○	

Couches

Médicaments et soins

		Commentaires	Heure	Nom	Posologie
○	○		*h*		
○	○		*h*		
○	○		*h*		
○	○		*h*		
○	○				
○	○				
○	○				

Bain　○ Oui　○ Non

Un petit mot...

○ Lun ○ Mar ○ Mer ○ Jeu ○ Ven ○ Sam ○ Dim   Age : ....

....

Coucher : *h* .... Lever : *h* .... Commentaire : ....

Repas

Heure	Biberon(s)	Repas / collation(s)
h	.... mL/g	
.... *h*	.... mL/g	
.... *h*	.... mL/g	
.... *h*	.... mL/g	
.... *h*	.... mL/g	

Dodo et Activités

h .... à .... *h*	○	○	
h .... à .... *h*	○	○	
h .... à .... *h*	○	○	
h .... à .... *h*	○	○	
h .... à .... *h*	○	○	

Couches

		Commentaires
○	○	....
○	○	....
○	○	....
○	○	....
○	○	....
○	○	....
○	○	....

Médicaments et soins

Heure	Nom	Posologie
h		
h		
h		
h		

Bain ○ Oui ○ Non

Un petit mot...

....

....

....

....

....

....

○ Lun ○ Mar ○ Mer ○ Jeu ○ Ven ○ Sam ○ Dim   Age :

Coucher : ___ h ___ ☀ Lever : ___ h ___ Commentaire : ___

Repas

Heure	Biberon(s)	Repas / collation(s)
h	mL/g	
h	mL/g	
h	mL/g	
h	mL/g	
h	mL/g	

Dodo et Activités

h ___ à ___ h ___ ○ ○
h ___ à ___ h ___ ○ ○
h ___ à ___ h ___ ○ ○
h ___ à ___ h ___ ○ ○
h ___ à ___ h ___ ○ ○

Couches

		Commentaires
○	○	
○	○	
○	○	
○	○	
○	○	
○	○	
○	○	

Médicaments et soins

Heure	Nom	Posologie
h		
h		
h		
h		

Bain   ○ Oui   ○ Non

Un petit mot...

○ Lun ○ Mar ○ Mer ○ Jeu ○ Ven ○ Sam ○ Dim   Age : ....
....

☾ Coucher : ....*h*.... ☀ Lever : ....*h*.... Commentaire : ....

🍴 Repas

Heure	Biberon(s)	Repas / collation(s)
h	mL/g	
h	mL/g	
h	mL/g	
h	mL/g	
h	mL/g	

♥ Dodo et Activités

h à *h*	○	○		
h à *h*	○	○		
h à *h*	○	○		
h à *h*	○	○		
h à *h*	○	○		

Couches

💧	💩	Commentaires
○	○	
○	○	
○	○	
○	○	
○	○	
○	○	
○	○	

Médicaments et soins

Heure	Nom	Posologie
h		
h		
h		
h		

Bain ○ Oui ○ Non

Un petit mot...

....
....
....
....
....
....
....

○ Lun ○ Mar ○ Mer ○ Jeu ○ Ven ○ Sam ○ Dim   Age : ....

Coucher : *h* .... ☀ Lever : *h* .... Commentaire : ....

Repas

Heure	Biberon(s)	Repas / collation(s)
h	.... mL/g	
h	.... mL/g	
h	.... mL/g	
h	.... mL/g	
h	.... mL/g	

Dodo et Activités

h	à	*h*	○	○
h	à	*h*	○	○
h	à	*h*	○	○
h	à	*h*	○	○
h	à	*h*	○	○

Couches

		Commentaires
○	○	....
○	○	....
○	○	....
○	○	....
○	○	....
○	○	....
○	○	....

Médicaments et soins

Heure	Nom	Posologie
h		
h		
h		
h		

Bain ○ Oui ○ Non

Un petit mot...

....

....

....

....

....

○ Lun ○ Mar ○ Mer ○ Jeu ○ Ven ○ Sam ○ Dim   Age : ....

....

🌙 Coucher : *h* .... ☀ Lever : *h* .... Commentaire : ....

Repas

Heure	Biberon(s)	Repas / collation(s)
h	.... mL/g	....
h	.... mL/g	....
h	.... mL/g	....
h	.... mL/g	....
h	.... mL/g	....

Dodo et Activités

h ...... à ...... *h*	○	○	....
h ...... à ...... *h*	○	○	....
h ...... à ...... *h*	○	○	....
h ...... à ...... *h*	○	○	....
h ...... à ...... *h*	○	○	....

Couches

💧	💩	Commentaires
○	○	....
○	○	....
○	○	....
○	○	....
○	○	....
○	○	....
○	○	....

Médicaments et soins

Heure	Nom	Posologie
h	....	....
h	....	....
h	....	....
h	....	....

Bain   ○ Oui   ○ Non ....

Un petit mot...

....

....

....

....

....

....

○ Lun ○ Mar ○ Mer ○ Jeu ○ Ven ○ Sam ○ Dim   Age :

Coucher : ___ *h* ___   Lever : ___ *h* ___ Commentaire : _____

Repas

Heure	Biberon(s)	Repas / collation(s)
h	mL/g	
h	mL/g	
h	mL/g	
h	mL/g	
h	mL/g	

Dodo et Activités

h à *h*	○	○	
h à *h*	○	○	
h à *h*	○	○	
h à *h*	○	○	
h à *h*	○	○	

Couches

Médicaments et soins

		Commentaires	Heure	Nom	Posologie
○	○		*h*		
○	○		*h*		
○	○		*h*		
○	○		*h*		
○	○				
○	○				
○	○				

Bain   ○ Oui   ○ Non

Un petit mot...

○ Lun   ○ Mar   ○ Mer   ○ Jeu   ○ Ven   ○ Sam   ○ Dim   Age : ....

....

☾ Coucher : .... *h* .... ☀ Lever : .... *h* .... Commentaire : ....

Repas

Heure	Biberon(s)	Repas / collation(s)
h	mL/g	
h	mL/g	
h	mL/g	
h	mL/g	
h	mL/g	

Dodo et Activités

h à *h*	○	○	
h à *h*	○	○	
h à *h*	○	○	
h à *h*	○	○	
h à *h*	○	○	

Couches

		Commentaires
○	○	
○	○	
○	○	
○	○	
○	○	
○	○	
○	○	

Médicaments et soins

Heure	Nom	Posologie
h		
h		
h		
h		

Bain   ○ Oui   ○ Non

Un petit mot...

....
....
....
....
....
....

○ Lun ○ Mar ○ Mer ○ Jeu ○ Ven ○ Sam ○ Dim   Age :

Coucher : ___ h ___ ☀ Lever : ___ h ___ Commentaire : _____

Repas

Heure	Biberon(s)	Repas / collation(s)
___ h	___ mL/g	
___ h	___ mL/g	
___ h	___ mL/g	
___ h	___ mL/g	
___ h	___ mL/g	

Dodo et Activités

___ h à ___ h	○	○	
___ h à ___ h	○	○	
___ h à ___ h	○	○	
___ h à ___ h	○	○	
___ h à ___ h	○	○	

Couches

		Commentaires
○	○	
○	○	
○	○	
○	○	
○	○	
○	○	
○	○	

Médicaments et soins

Heure	Nom	Posologie
___ h		
___ h		
___ h		
___ h		

Bain   ○ Oui   ○ Non

Un petit mot...

_____

_____

_____

_____

_____

○ Lun   ○ Mar   ○ Mer   ○ Jeu   ○ Ven   ○ Sam   ○ Dim   Age : ....

Coucher : .... *h* ....   Lever : .... *h* ....   Commentaire : ....

Repas

Heure	Biberon(s)	Repas / collation(s)
.... *h*	.... mL/g	....
.... *h*	.... mL/g	....
.... *h*	.... mL/g	....
.... *h*	.... mL/g	....
.... *h*	.... mL/g	....

Dodo et Activités

h à *h*	○	○	....
.... *h* .... à .... *h*	○	○	....
.... *h* .... à .... *h*	○	○	....
.... *h* .... à .... *h*	○	○	....
.... *h* .... à .... *h*	○	○	....
.... *h* .... à .... *h*	○	○	....

Couches

		Commentaires
○	○	....
○	○	....
○	○	....
○	○	....
○	○	....
○	○	....
○	○	....

Médicaments et soins

Heure	Nom	Posologie
.... *h*		
.... *h*		
.... *h*		
.... *h*		

Bain   ○ Oui   ○ Non

Un petit mot...

....
....
....
....
....
....

○ Lun　○ Mar　○ Mer　○ Jeu　○ Ven　○ Sam　○ Dim　　Age : ....

Coucher : .... *h* ..... Lever : .... *h* ..... Commentaire : ....

Repas

Heure	Biberon(s)	Repas / collation(s)
.... *h*	.... mL/g	....
.... *h*	.... mL/g	....
.... *h*	.... mL/g	....
.... *h*	.... mL/g	....
.... *h*	.... mL/g	....

Dodo et Activités

..... *h* ..... à ..... *h*	○	○	....
..... *h* ..... à ..... *h*	○	○	....
..... *h* ..... à ..... *h*	○	○	....
..... *h* ..... à ..... *h*	○	○	....
..... *h* ..... à ..... *h*	○	○	....

Couches

		Commentaires
○	○	....
○	○	....
○	○	....
○	○	....
○	○	....
○	○	....
○	○	....

Médicaments et soins

Heure	Nom	Posologie
.... *h*	....	....
.... *h*	....	....
.... *h*	....	....
.... *h*	....	....

Bain　○ Oui　○ Non

Un petit mot...

....

....

....

....

....

....

○ Lun ○ Mar ○ Mer ○ Jeu ○ Ven ○ Sam ○ Dim   Age :

Coucher :   _h_   Lever :   _h_   Commentaire :

Repas

Heure	Biberon(s)	Repas / collation(s)
_h_	mL/g	
_h_	mL/g	
_h_	mL/g	
_h_	mL/g	
_h_	mL/g	

Dodo et Activités

_h_ à _h_	○	○	
_h_ à _h_	○	○	
_h_ à _h_	○	○	
_h_ à _h_	○	○	
_h_ à _h_	○	○	

Couches

		Commentaires
○	○	
○	○	
○	○	
○	○	
○	○	
○	○	
○	○	

Médicaments et soins

Heure	Nom	Posologie
_h_		
_h_		
_h_		
_h_		

Bain   ○ Oui   ○ Non

Un petit mot...

○ Lun ○ Mar ○ Mer ○ Jeu ○ Ven ○ Sam ○ Dim   Age : ....

Coucher : *h* Lever : *h* Commentaire : ....

Repas

Heure	Biberon(s)	Repas / collation(s)
h	mL/g	
h	mL/g	
h	mL/g	
h	mL/g	
h	mL/g	

Dodo et Activités

h	à	*h*	○	○
h	à	*h*	○	○
h	à	*h*	○	○
h	à	*h*	○	○
h	à	*h*	○	○

Couches

		Commentaires
○	○	
○	○	
○	○	
○	○	
○	○	
○	○	
○	○	

Médicaments et soins

Heure	Nom	Posologie
h		
h		
h		
h		

Bain ○ Oui ○ Non

Un petit mot...

○ Lun ○ Mar ○ Mer ○ Jeu ○ Ven ○ Sam ○ Dim   Age :

....

🌙 Coucher : .... *h* .... ☀ Lever : .... *h* .... Commentaire : ....

Repas

Heure	Biberon(s)	Repas / collation(s)
h	mL/g	
h	mL/g	
h	mL/g	
h	mL/g	
h	mL/g	

Dodo et Activités

h	à	*h*	○	○	
h	à	*h*	○	○	
h	à	*h*	○	○	
h	à	*h*	○	○	
h	à	*h*	○	○	

Couches

		Commentaires
○	○	
○	○	
○	○	
○	○	
○	○	
○	○	
○	○	

Médicaments et soins

Heure	Nom	Posologie
h		
h		
h		
h		

Bain   ○ Oui   ○ Non ....

Un petit mot...

....

....

....

....

....

○ Lun ○ Mar ○ Mer ○ Jeu ○ Ven ○ Sam ○ Dim   Age : ....

Coucher : .... *h* ...... ☀ Lever : .... *h* ...... Commentaire : ....

Repas

Heure	Biberon(s)	Repas / collation(s)
h	mL/g	
h	mL/g	
h	mL/g	
h	mL/g	
h	mL/g	

Dodo et Activités

h ..... à ..... *h* .....   ○   ○ ....
h ..... à ..... *h* .....   ○   ○ ....
h ..... à ..... *h* .....   ○   ○ ....
h ..... à ..... *h* .....   ○   ○ ....
h ..... à ..... *h* .....   ○   ○ ....

Couches

		Commentaires
○	○	....
○	○	....
○	○	....
○	○	....
○	○	....
○	○	....
○	○	....

Médicaments et soins

Heure	Nom	Posologie
h		
h		
h		
h		

Bain   ○ Oui   ○ Non ....

Un petit mot...

....
....
....
....
....

○ Lun ○ Mar ○ Mer ○ Jeu ○ Ven ○ Sam ○ Dim Age : ....

Coucher : *h* .... Lever : *h* .... Commentaire : ....

Repas

Heure	Biberon(s)	Repas / collation(s)
h	mL/g	
h	mL/g	
h	mL/g	
h	mL/g	
h	mL/g	

Dodo et Activités

h .... à .... *h*	○	○	....
h .... à .... *h*	○	○	....
h .... à .... *h*	○	○	....
h .... à .... *h*	○	○	....
h .... à .... *h*	○	○	....

Couches

		Commentaires
○	○	....
○	○	....
○	○	....
○	○	....
○	○	....
○	○	....
○	○	....

Médicaments et soins

Heure	Nom	Posologie
h		
h		
h		
h		

Bain ○ Oui ○ Non ....

Un petit mot...

....
....
....
....
....
....

○ Lun ○ Mar ○ Mer ○ Jeu ○ Ven ○ Sam ○ Dim   Age : ....

Coucher : ..... *h* ..... Lever : ..... *h* ..... Commentaire : ....

Repas

Heure	Biberon(s)	Repas / collation(s)
h	mL/g	
h	mL/g	
h	mL/g	
h	mL/g	
h	mL/g	

Dodo et Activités

h à *h*	○	○	
h à *h*	○	○	
h à *h*	○	○	
h à *h*	○	○	
h à *h*	○	○	

Couches

Médicaments et soins

		Commentaires	Heure	Nom	Posologie
○	○		*h*		
○	○		*h*		
○	○		*h*		
○	○		*h*		
○	○				
○	○				
○	○				

Bain   ○ Oui   ○ Non

Un petit mot...

○ Lun ○ Mar ○ Mer ○ Jeu ○ Ven ○ Sam ○ Dim   Age : ....
....

☾ Coucher : .... *h* .... ☀ Lever : .... *h* ...... Commentaire : ....

Repas

Heure	Biberon(s)	Repas / collation(s)
h	mL/g	
h	mL/g	
h	mL/g	
h	mL/g	
h	mL/g	

Dodo et Activités

h	à	*h*	○	○
h	à	*h*	○	○
h	à	*h*	○	○
h	à	*h*	○	○
h	à	*h*	○	○

Couches

		Commentaires
○	○	
○	○	
○	○	
○	○	
○	○	
○	○	
○	○	

Médicaments et soins

Heure	Nom	Posologie
h		
h		
h		
h		

Bain   ○ Oui   ○ Non ....

Un petit mot...

....
....
....
....
....
....

○ Lun ○ Mar ○ Mer ○ Jeu ○ Ven ○ Sam ○ Dim   Age : ....

Coucher : ...... *h* ...... Lever : ...... *h* ...... Commentaire : ....

Repas

Heure	Biberon(s)	Repas / collation(s)
h	mL/g	
h	mL/g	
h	mL/g	
h	mL/g	
h	mL/g	

Dodo et Activités

h à *h*	○	○	
h à *h*	○	○	
h à *h*	○	○	
h à *h*	○	○	
h à *h*	○	○	

Couches

Médicaments et soins

		Commentaires	Heure	Nom	Posologie
○	○		*h*		
○	○		*h*		
○	○		*h*		
○	○		*h*		
○	○				
○	○				
○	○				

Bain ○ Oui ○ Non

Un petit mot...

○ Lun ○ Mar ○ Mer ○ Jeu ○ Ven ○ Sam ○ Dim   Age :

....

🌙 Coucher : ___ *h* ___ ☀ Lever : ___ *h* ___ Commentaire : ....

Repas

Heure	Biberon(s)	Repas / collation(s)
h	mL/g	
h	mL/g	
h	mL/g	
h	mL/g	
h	mL/g	

Dodo et Activités

h à *h*	○	○		
h à *h*	○	○		
h à *h*	○	○		
h à *h*	○	○		
h à *h*	○	○		

Couches

💧	💩	Commentaires
○	○	
○	○	
○	○	
○	○	
○	○	
○	○	
○	○	

Médicaments et soins

Heure	Nom	Posologie
h		
h		
h		
h		

Bain   ○ Oui   ○ Non

Un petit mot...

....

....

....

....

....

....

○ Lun ○ Mar ○ Mer ○ Jeu ○ Ven ○ Sam ○ Dim   Age :

Coucher :   h   Lever :   h   Commentaire :

Repas

Heure	Biberon(s)	Repas / collation(s)
h	mL/g	
h	mL/g	
h	mL/g	
h	mL/g	
h	mL/g	

Dodo et Activités

h	à	h	○	○
h	à	h	○	○
h	à	h	○	○
h	à	h	○	○
h	à	h	○	○

Couches

Médicaments et soins

		Commentaires	Heure	Nom	Posologie
○	○		h		
○	○		h		
○	○		h		
○	○		h		
○	○				
○	○				
○	○				

Bain   ○ Oui   ○ Non

Un petit mot...

○ Lun   ○ Mar   ○ Mer   ○ Jeu   ○ Ven   ○ Sam   ○ Dim   Age :

Coucher :   *h*   Lever :   *h*   Commentaire :

Repas

Heure	Biberon(s)	Repas / collation(s)
h	mL/g	
h	mL/g	
h	mL/g	
h	mL/g	
h	mL/g	

Dodo et Activités

h	à	*h*	○	○
h	à	*h*	○	○
h	à	*h*	○	○
h	à	*h*	○	○
h	à	*h*	○	○

Couches

		Commentaires
○	○	
○	○	
○	○	
○	○	
○	○	
○	○	
○	○	

Médicaments et soins

Heure	Nom	Posologie
h		
h		
h		
h		

Bain   ○ Oui   ○ Non

Un petit mot...

○ Lun   ○ Mar   ○ Mer   ○ Jeu   ○ Ven   ○ Sam   ○ Dim   Age : ....

Coucher : .... *h* .... ☀ Lever : .... *h* .... Commentaire : ....

Repas

Heure	Biberon(s)	Repas / collation(s)
.... *h*	.... mL/g	
.... *h*	.... mL/g	
.... *h*	.... mL/g	
.... *h*	.... mL/g	
.... *h*	.... mL/g	

Dodo et Activités

h à *h*	○	○	
h à *h*	○	○	
h à *h*	○	○	
h à *h*	○	○	
h à *h*	○	○	

Couches

		Commentaires
○	○	
○	○	
○	○	
○	○	
○	○	
○	○	
○	○	

Médicaments et soins

Heure	Nom	Posologie
.... *h*		
.... *h*		
.... *h*		
.... *h*		

🦆 **Bain**   ○ Oui   ○ Non ....

Un petit mot...

....

....

....

....

....

○ Lun ○ Mar ○ Mer ○ Jeu ○ Ven ○ Sam ○ Dim Age :

Coucher : _h_ Lever : _h_ Commentaire :

Repas

Heure	Biberon(s)	Repas / collation(s)
_h_	mL/g	
_h_	mL/g	
_h_	mL/g	
_h_	mL/g	
_h_	mL/g	

Dodo et Activités

_h_ à _h_	○	○	
_h_ à _h_	○	○	
_h_ à _h_	○	○	
_h_ à _h_	○	○	
_h_ à _h_	○	○	

Couches

		Commentaires
○	○	
○	○	
○	○	
○	○	
○	○	
○	○	
○	○	

Médicaments et soins

Heure	Nom	Posologie
_h_		
_h_		
_h_		
_h_		

Bain   ○ Oui   ○ Non

Un petit mot...

○ Lun ○ Mar ○ Mer ○ Jeu ○ Ven ○ Sam ○ Dim   Age :

Coucher : _h_   Lever : _h_   Commentaire :

Repas

Heure	Biberon(s)	Repas / collation(s)
_h_	mL/g	
_h_	mL/g	
_h_	mL/g	
_h_	mL/g	
_h_	mL/g	

Dodo et Activités

_h_ à _h_	○	○	
_h_ à _h_	○	○	
_h_ à _h_	○	○	
_h_ à _h_	○	○	
_h_ à _h_	○	○	

Couches

		Commentaires
○	○	
○	○	
○	○	
○	○	
○	○	
○	○	
○	○	

Médicaments et soins

Heure	Nom	Posologie
_h_		
_h_		
_h_		
_h_		

Bain   ○ Oui   ○ Non

Un petit mot...

○ Lun ○ Mar ○ Mer ○ Jeu ○ Ven ○ Sam ○ Dim   Age :

....

Coucher : *h* .... Lever : *h* ...... Commentaire : ....

Repas

Heure	Biberon(s)	Repas / collation(s)
h	.... mL/g	....
h	.... mL/g	....
h	.... mL/g	....
h	.... mL/g	....
h	.... mL/g	....

Dodo et Activités

h à *h*	○	○	....
h à *h*	○	○	....
h à *h*	○	○	....
h à *h*	○	○	....
h à *h*	○	○	....

Couches

		Commentaires
○	○	....
○	○	....
○	○	....
○	○	....
○	○	....
○	○	....
○	○	....

Médicaments et soins

Heure	Nom	Posologie
h		
h		
h		
h		

Bain   ○ Oui   ○ Non

Un petit mot...

....

....

....

....

....

....

○ Lun ○ Mar ○ Mer ○ Jeu ○ Ven ○ Sam ○ Dim   Age :

Coucher : _h_   Lever : _h_   Commentaire :

Repas

Heure	Biberon(s)	Repas / collation(s)
_h_	mL/g	
_h_	mL/g	
_h_	mL/g	
_h_	mL/g	
_h_	mL/g	

Dodo et Activités

_h_ à _h_	○	○	
_h_ à _h_	○	○	
_h_ à _h_	○	○	
_h_ à _h_	○	○	
_h_ à _h_	○	○	

Couches

		Commentaires
○	○	
○	○	
○	○	
○	○	
○	○	
○	○	
○	○	

Médicaments et soins

Heure	Nom	Posologie
_h_		
_h_		
_h_		
_h_		

Bain   ○ Oui   ○ Non

Un petit mot...

○ Lun   ○ Mar   ○ Mer   ○ Jeu   ○ Ven   ○ Sam   ○ Dim   Age :
....

☾ Coucher :   *h*   ☀ Lever :   *h*   Commentaire : ....

Repas

Heure	Biberon(s)	Repas / collation(s)
h	mL/g	
h	mL/g	
h	mL/g	
h	mL/g	
h	mL/g	

Dodo et Activités

h à *h*	○	○		
h à *h*	○	○		
h à *h*	○	○		
h à *h*	○	○		
h à *h*	○	○		

Couches

		Commentaires
○	○	
○	○	
○	○	
○	○	
○	○	
○	○	
○	○	

Médicaments et soins

Heure	Nom	Posologie
h		
h		
h		
h		

Bain   ○ Oui   ○ Non

Un petit mot...

....
....
....
....
....
....

○ Lun   ○ Mar   ○ Mer   ○ Jeu   ○ Ven   ○ Sam   ○ Dim   Age : ....

Coucher : ...... h .... Lever : ...... h ...... Commentaire : ....

Repas

Heure	Biberon(s)	Repas / collation(s)
...... h	...... mL/g	
...... h	...... mL/g	
...... h	...... mL/g	
...... h	...... mL/g	
...... h	...... mL/g	

Dodo et Activités

...... h ...... à ...... h ......   ○   ○   ....
...... h ...... à ...... h ......   ○   ○   ....
...... h ...... à ...... h ......   ○   ○   ....
...... h ...... à ...... h ......   ○   ○   ....
...... h ...... à ...... h ......   ○   ○   ....

Couches

		Commentaires
○	○	....
○	○	....
○	○	....
○	○	....
○	○	....
○	○	....
○	○	....

Médicaments et soins

Heure	Nom	Posologie
...... h		
...... h		
...... h		
...... h		

Bain   ○ Oui   ○ Non

Un petit mot...

....
....
....
....
....

○ Lun ○ Mar ○ Mer ○ Jeu ○ Ven ○ Sam ○ Dim   Age : ....

....

☾ Coucher : _h_   ☀ Lever : _h_   Commentaire : ....

Repas

Heure	Biberon(s)	Repas / collation(s)
_h_	.... mL/g	....
_h_	.... mL/g	....
_h_	.... mL/g	....
_h_	.... mL/g	....
_h_	.... mL/g	....

Dodo et Activités

_h_ à _h_	○	○	....
_h_ à _h_	○	○	....
_h_ à _h_	○	○	....
_h_ à _h_	○	○	....
_h_ à _h_	○	○	....

Couches

💧	💩	Commentaires
○	○	....
○	○	....
○	○	....
○	○	....
○	○	....
○	○	....
○	○	....

Médicaments et soins

Heure	Nom	Posologie
_h_		
_h_		
_h_		
_h_		

🦆 **Bain**   ○ Oui   ○ Non

Un petit mot...

....

....

....

....

....

○ Lun   ○ Mar   ○ Mer   ○ Jeu   ○ Ven   ○ Sam   ○ Dim   Age : ....

Coucher : ..... *h* ..... ☀ Lever : ..... *h* ..... Commentaire : ....

Repas

Heure	Biberon(s)	Repas / collation(s)
h	mL/g	
h	mL/g	
h	mL/g	
h	mL/g	
h	mL/g	

Dodo et Activités

h à *h*	○	○	
h à *h*	○	○	
h à *h*	○	○	
h à *h*	○	○	
h à *h*	○	○	

Couches

		Commentaires
○	○	
○	○	
○	○	
○	○	
○	○	
○	○	
○	○	

Médicaments et soins

Heure	Nom	Posologie
h		
h		
h		
h		

🦆 **Bain**   ○ Oui   ○ Non

Un petit mot...

....

....

....

....

○ Lun ○ Mar ○ Mer ○ Jeu ○ Ven ○ Sam ○ Dim   Age :

Coucher : *h*   Lever : *h*   Commentaire :

Repas

Heure	Biberon(s)	Repas / collation(s)
h	mL/g	
h	mL/g	
h	mL/g	
h	mL/g	
h	mL/g	

Dodo et Activités

h à *h*	○	○	
h à *h*	○	○	
h à *h*	○	○	
h à *h*	○	○	
h à *h*	○	○	

Couches

		Commentaires
○	○	
○	○	
○	○	
○	○	
○	○	
○	○	
○	○	

Médicaments et soins

Heure	Nom	Posologie
h		
h		
h		
h		

Bain   ○ Oui   ○ Non

Un petit mot...

○ Lun   ○ Mar   ○ Mer   ○ Jeu   ○ Ven   ○ Sam   ○ Dim   Age :

Coucher :   *h*   Lever :   *h*   Commentaire :

Repas

Heure	Biberon(s)	Repas / collation(s)
h	mL/g	
h	mL/g	
h	mL/g	
h	mL/g	
h	mL/g	

Dodo et Activités

h	à	*h*	○	○
h	à	*h*	○	○
h	à	*h*	○	○
h	à	*h*	○	○
h	à	*h*	○	○

Couches

Médicaments et soins

		Commentaires	Heure	Nom	Posologie
○	○		*h*		
○	○		*h*		
○	○		*h*		
○	○		*h*		
○	○				
○	○				
○	○				

Bain   ○ Oui   ○ Non

Un petit mot...

47

○ Lun   ○ Mar   ○ Mer   ○ Jeu   ○ Ven   ○ Sam   ○ Dim   Age :

....

☾ Coucher :   *h*   ☀ Lever :   *h*   Commentaire : ....

Repas

Heure	Biberon(s)	Repas / collation(s)
h	.... mL/g	....
h	.... mL/g	....
h	.... mL/g	....
h	.... mL/g	....
h	.... mL/g	....

Dodo et Activités

h	à	*h*	○	○	....
h	à	*h*	○	○	....
h	à	*h*	○	○	....
h	à	*h*	○	○	....
h	à	*h*	○	○	....

Couches

💧	💩	Commentaires
○	○	....
○	○	....
○	○	....
○	○	....
○	○	....
○	○	....
○	○	....

Médicaments et soins

Heure	Nom	Posologie
h		
h		
h		
h		

🦆 **Bain**   ○ Oui   ○ Non

Un petit mot...

....

....

....

....

....

....

○ Lun   ○ Mar   ○ Mer   ○ Jeu   ○ Ven   ○ Sam   ○ Dim   Age : ....

Coucher : ....*h*.... ☀ Lever : ....*h*.... Commentaire : ....

Repas

Heure	Biberon(s)	Repas / collation(s)
h	.... mL/g	
h	.... mL/g	
h	.... mL/g	
h	.... mL/g	
h	.... mL/g	

Dodo et Activités

h à *h*	○	○	....
h à *h*	○	○	....
h à *h*	○	○	....
h à *h*	○	○	....
h à *h*	○	○	....

Couches

		Commentaires
○	○	....
○	○	....
○	○	....
○	○	....
○	○	....
○	○	....
○	○	....

Médicaments et soins

Heure	Nom	Posologie
h		
h		
h		
h		

Bain   ○ Oui   ○ Non

Un petit mot...

....

....

....

....

....

○ Lun ○ Mar ○ Mer ○ Jeu ○ Ven ○ Sam ○ Dim   Age : ....

....

☾ Coucher : *h*.......... ☀ Lever : *h*.......... Commentaire : ....

Repas

Heure	Biberon(s)	Repas / collation(s)
h........	.... mL/g	....
h........	.... mL/g	....
h........	.... mL/g	....
h........	.... mL/g	....
h........	.... mL/g	....

Dodo et Activités

h...... à ...*h*....	○	○	....
h...... à ...*h*....	○	○	....
h...... à ...*h*....	○	○	....
h...... à ...*h*....	○	○	....
h...... à ...*h*....	○	○	....

Couches

💧	💩	Commentaires
○	○	....
○	○	....
○	○	....
○	○	....
○	○	....
○	○	....
○	○	....

Médicaments et soins

Heure	Nom	Posologie
h.......	....	....
h.......	....	....
h.......	....	....
h.......	....	....

Bain   ○ Oui   ○ Non

Un petit mot...

....

....

....

....

....

....

○ Lun ○ Mar ○ Mer ○ Jeu ○ Ven ○ Sam ○ Dim   Age : ....

Coucher : ..... *h* ..... ☀ Lever : ..... *h* ..... Commentaire : ....

Repas

Heure	Biberon(s)	Repas / collation(s)
h	mL/g	
h	mL/g	
h	mL/g	
h	mL/g	
h	mL/g	

Dodo et Activités

h à *h*	○	○	....
h à *h*	○	○	....
h à *h*	○	○	....
h à *h*	○	○	....
h à *h*	○	○	....

Couches

		Commentaires
○	○	....
○	○	....
○	○	....
○	○	....
○	○	....
○	○	....
○	○	....

Médicaments et soins

Heure	Nom	Posologie
h		
h		
h		
h		

Bain   ○ Oui   ○ Non

Un petit mot...

....

....

....

....

....

○ Lun ○ Mar ○ Mer ○ Jeu ○ Ven ○ Sam ○ Dim   Age : ....

....

🌙 Coucher : ..... *h* ..... ☀ Lever : ..... *h* ..... Commentaire : ....

🍴 Repas

Heure	Biberon(s)	Repas / collation(s)
..... *h*	.... mL/g	....
..... *h*	.... mL/g	....
..... *h*	.... mL/g	....
..... *h*	.... mL/g	....
..... *h*	.... mL/g	....

♥ Dodo et Activités

..... *h*	..à..	..... *h*	○	○ ....
..... *h*	..à..	..... *h*	○	○ ....
..... *h*	..à..	..... *h*	○	○ ....
..... *h*	..à..	..... *h*	○	○ ....
..... *h*	..à..	..... *h*	○	○ ....

Couches

💧	💩	Commentaires
○	○	....
○	○	....
○	○	....
○	○	....
○	○	....
○	○	....
○	○	....

Médicaments et soins

Heure	Nom	Posologie
..... *h*	....	....
..... *h*	....	....
..... *h*	....	....
..... *h*	....	....

🦆 **Bain**   ○ Oui   ○ Non

Un petit mot...

....

....

....

....

....

○ Lun ○ Mar ○ Mer ○ Jeu ○ Ven ○ Sam ○ Dim   Age : ....

Coucher : ....*h*........ ☀ Lever : .....*h*..... Commentaire : ....

Repas

Heure	Biberon(s)	Repas / collation(s)
h	mL/g	
h	mL/g	
h	mL/g	
h	mL/g	
h	mL/g	

Dodo et Activités

h	à	*h*	○	○	
h	à	*h*	○	○	
h	à	*h*	○	○	
h	à	*h*	○	○	
h	à	*h*	○	○	

Couches

		Commentaires
○	○	
○	○	
○	○	
○	○	
○	○	
○	○	
○	○	

Médicaments et soins

Heure	Nom	Posologie
h		
h		
h		
h		

Bain   ○ Oui   ○ Non

Un petit mot...

....

....

....

....

....

○ Lun ○ Mar ○ Mer ○ Jeu ○ Ven ○ Sam ○ Dim   Age : ....

....

🌙 Coucher : *h* .... ☀ Lever : *h* .... Commentaire : ....

Repas

Heure	Biberon(s)	Repas / collation(s)
h	mL/g	....
h	mL/g	....
h	mL/g	....
h	mL/g	....
h	mL/g	....

Dodo et Activités

h ..... à ... *h* .... ○ ○ ....
h ..... à ... *h* .... ○ ○ ....
h ..... à ... *h* .... ○ ○ ....
h ..... à ... *h* .... ○ ○ ....
h ..... à ... *h* .... ○ ○ ....

Couches

💧	💩	Commentaires
○	○	....
○	○	....
○	○	....
○	○	....
○	○	....
○	○	....
○	○	....

Médicaments et soins

Heure	Nom	Posologie
h	....	....
h	....	....
h	....	....
h	....	....

🦆 **Bain**   ○ Oui   ○ Non

Un petit mot...

....

....

....

....

....

....

○ Lun ○ Mar ○ Mer ○ Jeu ○ Ven ○ Sam ○ Dim   Age : ....

Coucher : ......*h*........ ☀ Lever : ......*h*...... Commentaire : ....

Repas

Heure	Biberon(s)	Repas / collation(s)
h	mL/g	
h	mL/g	
h	mL/g	
h	mL/g	
h	mL/g	

Dodo et Activités

h à *h*   ○   ○ ....
h à *h*   ○   ○ ....
h à *h*   ○   ○ ....
h à *h*   ○   ○ ....
h à *h*   ○   ○ ....

Couches   ## Médicaments et soins

		Commentaires	Heure	Nom	Posologie
○	○		*h*		
○	○		*h*		
○	○		*h*		
○	○		*h*		
○	○				
○	○				
○	○				

Bain   ○ Oui   ○ Non ....

Un petit mot...

....
....
....
....
....

○ Lun ○ Mar ○ Mer ○ Jeu ○ Ven ○ Sam ○ Dim   Age :

Coucher : *h*   Lever : *h*   Commentaire :

Repas

Heure	Biberon(s)	Repas / collation(s)
h	mL/g	
h	mL/g	
h	mL/g	
h	mL/g	
h	mL/g	

Dodo et Activités

h	à	*h*	○	○
h	à	*h*	○	○
h	à	*h*	○	○
h	à	*h*	○	○
h	à	*h*	○	○

Couches

		Commentaires
○	○	
○	○	
○	○	
○	○	
○	○	
○	○	
○	○	

Médicaments et soins

Heure	Nom	Posologie
h		
h		
h		
h		

Bain   ○ Oui   ○ Non

Un petit mot...

○ Lun ○ Mar ○ Mer ○ Jeu ○ Ven ○ Sam ○ Dim   Age : ....

Coucher : ....*h*........ ☀ Lever : ......*h*....... Commentaire : ....

Repas

Heure	Biberon(s)	Repas / collation(s)
h	.... mL/g	
h	.... mL/g	
h	.... mL/g	
h	.... mL/g	
h	.... mL/g	

Dodo et Activités

h	à	*h*	○	○
h	à	*h*	○	○
h	à	*h*	○	○
h	à	*h*	○	○
h	à	*h*	○	○

Couches

Médicaments et soins

		Commentaires	Heure	Nom	Posologie
○	○		*h*		
○	○		*h*		
○	○		*h*		
○	○		*h*		
○	○				
○	○				
○	○				

🦆 *Bain*   ○ Oui   ○ Non

Un petit mot...

....
....
....
....
....

○ Lun ○ Mar ○ Mer ○ Jeu ○ Ven ○ Sam ○ Dim   Age :

Coucher : _h_   Lever : _h_   Commentaire :

Repas

Heure	Biberon(s)	Repas / collation(s)
_h_	mL/g	
_h_	mL/g	
_h_	mL/g	
_h_	mL/g	
_h_	mL/g	

Dodo et Activités

_h_	à	_h_	○	○	
_h_	à	_h_	○	○	
_h_	à	_h_	○	○	
_h_	à	_h_	○	○	
_h_	à	_h_	○	○	

Couches

		Commentaires
○	○	
○	○	
○	○	
○	○	
○	○	
○	○	
○	○	

Médicaments et soins

Heure	Nom	Posologie
_h_		
_h_		
_h_		
_h_		

Bain   ○ Oui   ○ Non

Un petit mot...

○ Lun ○ Mar ○ Mer ○ Jeu ○ Ven ○ Sam ○ Dim   Age :

Coucher : *h*   Lever : *h*   Commentaire :

Repas

Heure Biberon(s)   Repas / collation(s)
h .... mL/g ....
h .... mL/g ....
h .... mL/g ....
h .... mL/g ....
h .... mL/g ....

Dodo et Activités

h à *h*   ○   ○ ....
h à *h*   ○   ○ ....
h à *h*   ○   ○ ....
h à *h*   ○   ○ ....
h à *h*   ○   ○ ....

Couches   ## Médicaments et soins

     Commentaires   Heure   Nom   Posologie
○ ○ ....   *h* ....
○ ○ ....   *h* ....
○ ○ ....   *h* ....
○ ○ ....   *h* ....
○ ○ ....
○ ○ ....   ## Bain   ○ Oui   ○ Non
○ ○ ....

Un petit mot...

....
....
....
....
....

○ Lun　○ Mar　○ Mer　○ Jeu　○ Ven　○ Sam　○ Dim　　Age : ....

....

🌙 Coucher : .... *h* .... ☀️ Lever : .... *h* .... Commentaire : ....

🍴 Repas

Heure	Biberon(s)	Repas / collation(s)
h	.... mL/g	....
h	.... mL/g	....
h	.... mL/g	....
h	.... mL/g	....
h	.... mL/g	....

♥ Dodo et Activités

h	à	*h*	○	○ ....
h	à	*h*	○	○ ....
h	à	*h*	○	○ ....
h	à	*h*	○	○ ....
h	à	*h*	○	○ ....

Couches

💧	💩	Commentaires
○	○	....
○	○	....
○	○	....
○	○	....
○	○	....
○	○	....
○	○	....

Médicaments et soins

Heure	Nom	Posologie
h		
h		
h		
h		

🦆 **Bain**　○ Oui　○ Non

Un petit mot...

....
....
....
....
....
....
....

○ Lun ○ Mar ○ Mer ○ Jeu ○ Ven ○ Sam ○ Dim   Age :

Coucher : _____ h   Lever : _____ h   Commentaire :

Repas

Heure	Biberon(s)	Repas / collation(s)
_____ h	_____ mL/g	
_____ h	_____ mL/g	
_____ h	_____ mL/g	
_____ h	_____ mL/g	
_____ h	_____ mL/g	

Dodo et Activités

_____ h	à	_____ h	○ ○
_____ h	à	_____ h	○ ○
_____ h	à	_____ h	○ ○
_____ h	à	_____ h	○ ○
_____ h	à	_____ h	○ ○

Couches

		Commentaires
○	○	
○	○	
○	○	
○	○	
○	○	
○	○	
○	○	

Médicaments et soins

Heure	Nom	Posologie
_____ h		
_____ h		
_____ h		
_____ h		

Bain   ○ Oui   ○ Non

Un petit mot...

○ Lun ○ Mar ○ Mer ○ Jeu ○ Ven ○ Sam ○ Dim   Age : ....

....

Coucher : .... *h* .... Lever : .... *h* .... Commentaire : ....

Repas

Heure	Biberon(s)	Repas / collation(s)
h	mL/g	
h	mL/g	
h	mL/g	
h	mL/g	
h	mL/g	

Dodo et Activités

h	à	*h*	○	○	
h	à	*h*	○	○	
h	à	*h*	○	○	
h	à	*h*	○	○	
h	à	*h*	○	○	

Couches

		Commentaires
○	○	
○	○	
○	○	
○	○	
○	○	
○	○	
○	○	

Médicaments et soins

Heure	Nom	Posologie
h		
h		
h		
h		

Bain   ○ Oui   ○ Non ....

Un petit mot...

....
....
....
....
....
....

○ Lun ○ Mar ○ Mer ○ Jeu ○ Ven ○ Sam ○ Dim   Age : ....

Coucher :   *h* .... ☀ Lever :   *h* .... Commentaire : ....

Repas

Heure	Biberon(s)	Repas / collation(s)
h	.... mL/g	....
h	.... mL/g	....
h	.... mL/g	....
h	.... mL/g	....
h	.... mL/g	....

Dodo et Activités

h ___ *à* ___ *h*	○	○	....
h ___ *à* ___ *h*	○	○	....
h ___ *à* ___ *h*	○	○	....
h ___ *à* ___ *h*	○	○	....
h ___ *à* ___ *h*	○	○	....

Couches   ## Médicaments et soins

		Commentaires	Heure	Nom	Posologie
○	○	....	*h*	....	....
○	○	....	*h*	....	....
○	○	....	*h*	....	....
○	○	....	*h*	....	....
○	○	....			
○	○	....			
○	○	....			

Bain   ○ Oui   ○ Non ....

Un petit mot...

....

....

....

....

....

○ Lun ○ Mar ○ Mer ○ Jeu ○ Ven ○ Sam ○ Dim   Age : ....

....

🌙 Coucher : .... *h* .... ☀ Lever : .... *h* ...... Commentaire : ....

Repas

Heure	Biberon(s)	Repas / collation(s)
h	.... mL/g	....
h	.... mL/g	....
h	.... mL/g	....
h	.... mL/g	....
h	.... mL/g	....

Dodo et Activités

h .... à .... *h* .... ○ .... ○ ....
h .... à .... *h* .... ○ .... ○ ....
h .... à .... *h* .... ○ .... ○ ....
h .... à .... *h* .... ○ .... ○ ....
h .... à .... *h* .... ○ .... ○ ....

Couches

💧	💩	Commentaires
○	○	....
○	○	....
○	○	....
○	○	....
○	○	....
○	○	....
○	○	....

Médicaments et soins

Heure	Nom	Posologie
h		
h		
h		
h		

Bain   ○ Oui   ○ Non

Un petit mot...

....

....

....

....

....

....

○ Lun ○ Mar ○ Mer ○ Jeu ○ Ven ○ Sam ○ Dim   Age :

Coucher : ...*h*... ☀ Lever : ...*h*... Commentaire : ....

Repas

Heure	Biberon(s)	Repas / collation(s)
h	mL/g	
h	mL/g	
h	mL/g	
h	mL/g	
h	mL/g	

Dodo et Activités

h à *h*	○	○		
h à *h*	○	○		
h à *h*	○	○		
h à *h*	○	○		
h à *h*	○	○		

Couches

		Commentaires
○	○	
○	○	
○	○	
○	○	
○	○	
○	○	
○	○	

Médicaments et soins

Heure	Nom	Posologie
h		
h		
h		
h		

Bain   ○ Oui   ○ Non ....

Un petit mot...

○ Lun   ○ Mar   ○ Mer   ○ Jeu   ○ Ven   ○ Sam   ○ Dim   Age : ....

....

Coucher : ...... *h* ...... Lever : ...... *h* ...... Commentaire : ....

Repas

Heure	Biberon(s)	Repas / collation(s)
h	mL/g	
h	mL/g	
h	mL/g	
h	mL/g	
h	mL/g	

Dodo et Activités

h à *h*	○	○	....
h à *h*	○	○	....
h à *h*	○	○	....
h à *h*	○	○	....
h à *h*	○	○	....

Couches

		Commentaires
○	○	....
○	○	....
○	○	....
○	○	....
○	○	....
○	○	....
○	○	....

Médicaments et soins

Heure	Nom	Posologie
h		
h		
h		
h		

Bain   ○ Oui   ○ Non

Un petit mot...

....

....

....

....

....

○ Lun ○ Mar ○ Mer ○ Jeu ○ Ven ○ Sam ○ Dim   Age : ....

Coucher : ..... *h* ..... ☀ Lever : ..... *h* ..... Commentaire : ....

Repas

Heure	Biberon(s)	Repas / collation(s)
h	mL/g	
h	mL/g	
h	mL/g	
h	mL/g	
h	mL/g	

Dodo et Activités

h	à	*h*	○	○
h	à	*h*	○	○
h	à	*h*	○	○
h	à	*h*	○	○
h	à	*h*	○	○

Couches

Médicaments et soins

		Commentaires	Heure	Nom	Posologie
○	○		*h*		
○	○		*h*		
○	○		*h*		
○	○		*h*		
○	○				
○	○				
○	○				

Bain   ○ Oui   ○ Non

Un petit mot...

....

....

....

....

....

○ Lun ○ Mar ○ Mer ○ Jeu ○ Ven ○ Sam ○ Dim   Age :

Coucher : *h*   Lever : *h*   Commentaire :

Repas

Heure	Biberon(s)	Repas / collation(s)
h	mL/g	
h	mL/g	
h	mL/g	
h	mL/g	
h	mL/g	

Dodo et Activités

h	à	*h*	○	○
h	à	*h*	○	○
h	à	*h*	○	○
h	à	*h*	○	○
h	à	*h*	○	○

Couches

		Commentaires
○	○	
○	○	
○	○	
○	○	
○	○	
○	○	
○	○	

Médicaments et soins

Heure	Nom	Posologie
h		
h		
h		
h		

Bain   ○ Oui   ○ Non

Un petit mot...

○ Lun ○ Mar ○ Mer ○ Jeu ○ Ven ○ Sam ○ Dim   Age : ....

Coucher : ....*h*.... ☀ Lever : ....*h*.... Commentaire : ....

Repas

Heure	Biberon(s)	Repas / collation(s)
h	mL/g	
h	mL/g	
h	mL/g	
h	mL/g	
h	mL/g	

Dodo et Activités

h à *h*	○	○	
h à *h*	○	○	
h à *h*	○	○	
h à *h*	○	○	
h à *h*	○	○	

Couches

Médicaments et soins

		Commentaires	Heure	Nom	Posologie
○	○		*h*		
○	○		*h*		
○	○		*h*		
○	○		*h*		
○	○				
○	○				
○	○				

Bain   ○ Oui   ○ Non

Un petit mot...

....
....
....
....
....

○ Lun   ○ Mar   ○ Mer   ○ Jeu   ○ Ven   ○ Sam   ○ Dim   Age : ....

....

🌙 Coucher :   **h** .... ☀ Lever :   **h** .... Commentaire : ....

Repas

Heure	Biberon(s)	Repas / collation(s)
h	.... mL/g	....
h	.... mL/g	....
h	.... mL/g	....
h	.... mL/g	....
h	.... mL/g	....

Dodo et Activités

h à **h**	○	○
h à **h**	○	○
h à **h**	○	○
h à **h**	○	○
h à **h**	○	○

Couches

💧	💩	Commentaires
○	○	....
○	○	....
○	○	....
○	○	....
○	○	....
○	○	....
○	○	....

Médicaments et soins

Heure	Nom	Posologie
h	....	....
h	....	....
h	....	....
h	....	....

Bain   ○ Oui   ○ Non ....

Un petit mot...

....

....

....

....

....

....

●Lun ○Mar ○Mer ○Jeu ○Ven ○Sam ○Dim   Age : ....

Coucher : *h* .... Lever : *h* .... Commentaire : ....

Repas

Heure	Biberon(s)	Repas / collation(s)
h	mL/g	
h	mL/g	
h	mL/g	
h	mL/g	
h	mL/g	

Dodo et Activités

h à *h*	○	○	
h à *h*	○	○	
h à *h*	○	○	
h à *h*	○	○	
h à *h*	○	○	

Couches

Médicaments et soins

		Commentaires	Heure	Nom	Posologie
○	○		*h*		
○	○		*h*		
○	○		*h*		
○	○		*h*		
○	○				
○	○				
○	○				

Bain   ○ Oui   ○ Non ....

Un petit mot...

....

....

....

....

....

○ Lun ○ Mar ○ Mer ○ Jeu ○ Ven ○ Sam ○ Dim   Age : ....

Coucher : .... *h* .... Lever : .... *h* .... Commentaire : ....

Repas

Heure	Biberon(s)	Repas / collation(s)
h	.... mL/g	
h	.... mL/g	
h	.... mL/g	
h	.... mL/g	
h	.... mL/g	

Dodo et Activités

h .... à .... *h* .... ○ ○ ....
h .... à .... *h* .... ○ ○ ....
h .... à .... *h* .... ○ ○ ....
h .... à .... *h* .... ○ ○ ....
h .... à .... *h* .... ○ ○ ....

Couches

		Commentaires
○	○	....
○	○	....
○	○	....
○	○	....
○	○	....
○	○	....
○	○	....

Médicaments et soins

Heure	Nom	Posologie
h		
h		
h		
h		

Bain   ○ Oui   ○ Non

Un petit mot...

....
....
....
....
....
....

○ Lun ○ Mar ○ Mer ○ Jeu ○ Ven ○ Sam ○ Dim   Age :

Coucher : _h_ Lever : _h_ Commentaire :

Repas

Heure	Biberon(s)	Repas / collation(s)
_h_	mL/g	
_h_	mL/g	
_h_	mL/g	
_h_	mL/g	
_h_	mL/g	

Dodo et Activités

_h_ à _h_	○	○	
_h_ à _h_	○	○	
_h_ à _h_	○	○	
_h_ à _h_	○	○	
_h_ à _h_	○	○	

Couches

		Commentaires
○	○	
○	○	
○	○	
○	○	
○	○	
○	○	
○	○	

Médicaments et soins

Heure	Nom	Posologie
_h_		
_h_		
_h_		
_h_		

Bain   ○ Oui   ○ Non

Un petit mot...

○ Lun ○ Mar ○ Mer ○ Jeu ○ Ven ○ Sam ○ Dim   Age :

....

🌙 Coucher : ..... *h* ..... ☀ Lever : ..... *h* ..... Commentaire : ....

Repas

Heure	Biberon(s)	Repas / collation(s)
h	mL/g	
h	mL/g	
h	mL/g	
h	mL/g	
h	mL/g	

Dodo et Activités

h à *h*	○	○	....
h à *h*	○	○	....
h à *h*	○	○	....
h à *h*	○	○	....
h à *h*	○	○	....

Couches

💧	💩	Commentaires
○	○	....
○	○	....
○	○	....
○	○	....
○	○	....
○	○	....
○	○	....

Médicaments et soins

Heure	Nom	Posologie
h		
h		
h		
h		

Bain   ○ Oui   ○ Non

Un petit mot...

....

....

....

....

....

○ Lun ○ Mar ○ Mer ○ Jeu ○ Ven ○ Sam ○ Dim   Age : ....

Coucher : ...... *h* ...... ☀ Lever : ...... *h* ...... Commentaire : ....

Repas

Heure	Biberon(s)	Repas / collation(s)
h	mL/g	....
h	mL/g	....
h	mL/g	....
h	mL/g	....
h	mL/g	....

Dodo et Activités

h à *h*	○	○	....
h à *h*	○	○	....
h à *h*	○	○	....
h à *h*	○	○	....
h à *h*	○	○	....

Couches

Médicaments et soins

		Commentaires	Heure	Nom	Posologie
○	○	....	*h*		
○	○	....	*h*		
○	○	....	*h*		
○	○	....	*h*		
○	○	....			
○	○	....			
○	○	....			

Bain   ○ Oui   ○ Non

Un petit mot...

....

....

....

....

○ Lun　○ Mar　○ Mer　○ Jeu　○ Ven　○ Sam　○ Dim　　Age :

Coucher :　*h*　Lever :　*h*　Commentaire :

Repas

Heure	Biberon(s)	Repas / collation(s)
h	mL/g	
h	mL/g	
h	mL/g	
h	mL/g	
h	mL/g	

Dodo et Activités

h　à　*h*　○　○
h　à　*h*　○　○
h　à　*h*　○　○
h　à　*h*　○　○
h　à　*h*　○　○

Couches

		Commentaires
○	○	
○	○	
○	○	
○	○	
○	○	
○	○	
○	○	

Médicaments et soins

Heure	Nom	Posologie
h		
h		
h		
h		

Bain　○ Oui　○ Non

Un petit mot...

○ Lun ○ Mar ○ Mer ○ Jeu ○ Ven ○ Sam ○ Dim   Age :

Coucher : _____ h_____ Lever : _____ h_____ Commentaire :

Repas

Heure	Biberon(s)	Repas / collation(s)
_h_	mL/g	
_h_	mL/g	
_h_	mL/g	
_h_	mL/g	
_h_	mL/g	

Dodo et Activités

_h_ à _h_	○	○		
_h_ à _h_	○	○		
_h_ à _h_	○	○		
_h_ à _h_	○	○		
_h_ à _h_	○	○		

Couches

		Commentaires
○	○	
○	○	
○	○	
○	○	
○	○	
○	○	
○	○	

Médicaments et soins

Heure	Nom	Posologie
_h_		
_h_		
_h_		
_h_		

Bain   ○ Oui   ○ Non

Un petit mot...

○ Lun   ○ Mar   ○ Mer   ○ Jeu   ○ Ven   ○ Sam   ○ Dim   Age : ....

....

Coucher : ...... *h* .... Lever : ...... *h* ...... Commentaire : ....

Repas

Heure	Biberon(s)	Repas / collation(s)
h	.... mL/g	
h	.... mL/g	
h	.... mL/g	
h	.... mL/g	
h	.... mL/g	

Dodo et Activités

h ...... à ...... *h* ......   ○   ○ ....
h ...... à ...... *h* ......   ○   ○ ....
h ...... à ...... *h* ......   ○   ○ ....
h ...... à ...... *h* ......   ○   ○ ....
h ...... à ...... *h* ......   ○   ○ ....

Couches

		Commentaires
○	○	....
○	○	....
○	○	....
○	○	....
○	○	....
○	○	....
○	○	....

Médicaments et soins

Heure	Nom	Posologie
h		
h		
h		
h		

Bain   ○ Oui   ○ Non

Un petit mot...

....

....

....

....

....

....

○Lun ○Mar ○Mer ○Jeu ○Ven ○Sam ○Dim   Age :

Coucher : _h_ Lever : _h_ Commentaire :

Repas

Heure	Biberon(s)	Repas / collation(s)
_h_	mL/g	
_h_	mL/g	
_h_	mL/g	
_h_	mL/g	
_h_	mL/g	

Dodo et Activités

_h_ à _h_	○	○	
_h_ à _h_	○	○	
_h_ à _h_	○	○	
_h_ à _h_	○	○	
_h_ à _h_	○	○	

Couches   ## Médicaments et soins

		Commentaires	Heure	Nom	Posologie
○	○		_h_		
○	○		_h_		
○	○		_h_		
○	○		_h_		
○	○				
○	○				
○	○				

Bain   ○ Oui   ○ Non

Un petit mot...

○ Lun ○ Mar ○ Mer ○ Jeu ○ Ven ○ Sam ○ Dim   Age : ....

....

☾ Coucher : *h* .... ☀ Lever : *h* .... Commentaire : ....

Repas

Heure	Biberon(s)	Repas / collation(s)
h	.... mL/g	
h	.... mL/g	
h	.... mL/g	
h	.... mL/g	
h	.... mL/g	

Dodo et Activités

h ...	à	*h* ...	○	○	
h ...	à	*h* ...	○	○	
h ...	à	*h* ...	○	○	
h ...	à	*h* ...	○	○	
h ...	à	*h* ...	○	○	

Couches

		Commentaires
○	○	....
○	○	....
○	○	....
○	○	....
○	○	....
○	○	....
○	○	....

Médicaments et soins

Heure	Nom	Posologie
h		
h		
h		
h		

🦆 **Bain**   ○ Oui   ○ Non

Un petit mot...

....

....

....

....

....

○ Lun ○ Mar ○ Mer ○ Jeu ○ Ven ○ Sam ○ Dim   Age : ....

Coucher : .... h .... ☀ Lever : .... h .... Commentaire : ....

Repas

Heure	Biberon(s)	Repas / collation(s)
h	.... mL/g	
h	.... mL/g	
h	.... mL/g	
h	.... mL/g	
h	.... mL/g	

Dodo et Activités

h à h	○	○
h à h	○	○
h à h	○	○
h à h	○	○
h à h	○	○

Couches

		Commentaires
○	○	
○	○	
○	○	
○	○	
○	○	
○	○	
○	○	

Médicaments et soins

Heure	Nom	Posologie
h		
h		
h		
h		

Bain   ○ Oui   ○ Non

Un petit mot...

....
....
....
....
....

○ Lun ○ Mar ○ Mer ○ Jeu ○ Ven ○ Sam ○ Dim   Age : ....
....

Coucher : *h* ☾ Lever : *h* Commentaire : ....

Repas

Heure	Biberon(s)	Repas / collation(s)
h	mL/g	
h	mL/g	
h	mL/g	
h	mL/g	
h	mL/g	

Dodo et Activités

h à *h*	○	○		
h à *h*	○	○		
h à *h*	○	○		
h à *h*	○	○		
h à *h*	○	○		

Couches

		Commentaires
○	○	
○	○	
○	○	
○	○	
○	○	
○	○	
○	○	

Médicaments et soins

Heure	Nom	Posologie
h		
h		
h		
h		

Bain   ○ Oui   ○ Non ....

Un petit mot...

....
....
....
....
....
....

82

○Lun ○Mar ○Mer ○Jeu ○Ven ○Sam ○Dim   Age : ....

Coucher : ......**h**...... Lever : ......**h**...... Commentaire : ....

Repas

Heure	Biberon(s)	Repas / collation(s)
h	mL/g	
h	mL/g	
h	mL/g	
h	mL/g	
h	mL/g	

Dodo et Activités

h à **h**	○	○	
h à **h**	○	○	
h à **h**	○	○	
h à **h**	○	○	
h à **h**	○	○	

Couches

Médicaments et soins

		Commentaires	Heure	Nom	Posologie
○	○		**h**		
○	○		**h**		
○	○		**h**		
○	○		**h**		
○	○				
○	○				
○	○				

Bain ○ Oui ○ Non

Un petit mot...

○ Lun ○ Mar ○ Mer ○ Jeu ○ Ven ○ Sam ○ Dim   Age : ....

....

🌙 Coucher : *h* .... ☀ Lever : *h* .... Commentaire : ....

🍴 Repas

Heure	Biberon(s)	Repas / collation(s)
h	mL/g	
h	mL/g	
h	mL/g	
h	mL/g	
h	mL/g	

Dodo et Activités

h à *h*	○	○		
h à *h*	○	○		
h à *h*	○	○		
h à *h*	○	○		
h à *h*	○	○		

Couches

💧	💩	Commentaires
○	○	
○	○	
○	○	
○	○	
○	○	
○	○	
○	○	

Médicaments et soins

Heure	Nom	Posologie
h		
h		
h		
h		

🦆 Bain   ○ Oui   ○ Non

Un petit mot...

....

....

....

....

....

....

○ Lun　○ Mar　○ Mer　○ Jeu　○ Ven　○ Sam　○ Dim　　　Age : ....

Coucher : .... *h*　☀ Lever : .... *h*　Commentaire : ....

Repas

Heure	Biberon(s)	Repas / collation(s)
h	.... mL/g	....
h	.... mL/g	....
h	.... mL/g	....
h	.... mL/g	....
h	.... mL/g	....

Dodo et Activités

h .... *à* *h*	○	○	
h .... *à* *h*	○	○	
h .... *à* *h*	○	○	
h .... *à* *h*	○	○	
h .... *à* *h*	○	○	

Couches

		Commentaires
○	○	....
○	○	....
○	○	....
○	○	....
○	○	....
○	○	....
○	○	....

Médicaments et soins

Heure	Nom	Posologie
h	....	....
h	....	....
h	....	....
h	....	....

Bain　○ Oui　○ Non

Un petit mot...

....

....

....

....

....

○ Lun ○ Mar ○ Mer ○ Jeu ○ Ven ○ Sam ○ Dim   Age : ....

....

🌙 Coucher :   *h* .... ☀ Lever :   *h* ...... Commentaire : ....

Repas

Heure	Biberon(s)	Repas / collation(s)
h	...... mL/g	
h	...... mL/g	
h	...... mL/g	
h	...... mL/g	
h	...... mL/g	

Dodo et Activités

h	à	*h*	○	○ ....
h	à	*h*	○	○ ....
h	à	*h*	○	○ ....
h	à	*h*	○	○ ....
h	à	*h*	○	○ ....

Couches

💧	💩	Commentaires
○	○	....
○	○	....
○	○	....
○	○	....
○	○	....
○	○	....
○	○	....

Médicaments et soins

Heure	Nom	Posologie
h		
h		
h		
h		

🦆 **Bain**   ○ Oui   ○ Non ....

Un petit mot...

....

....

....

....

....

○ Lun   ○ Mar   ○ Mer   ○ Jeu   ○ Ven   ○ Sam   ○ Dim   Age : ....

Coucher : .... *h* .... Lever : .... *h*   Commentaire : ....

Repas

Heure	Biberon(s)	Repas / collation(s)
h	mL/g	
h	mL/g	
h	mL/g	
h	mL/g	
h	mL/g	

Dodo et Activités

h à *h*	○	○	
h à *h*	○	○	
h à *h*	○	○	
h à *h*	○	○	
h à *h*	○	○	

Couches

		Commentaires
○	○	....
○	○	....
○	○	....
○	○	....
○	○	....
○	○	....
○	○	....

Médicaments et soins

Heure	Nom	Posologie
h		
h		
h		
h		

Bain   ○ Oui   ○ Non

Un petit mot...

....
....
....
....
....
....

○ Lun ○ Mar ○ Mer ○ Jeu ○ Ven ○ Sam ○ Dim   Age : ....

☾ Coucher : .... *h* ☀ Lever : .... *h* Commentaire : ....

🍴 Repas

Heure	Biberon(s)	Repas / collation(s)
h	mL/g	
h	mL/g	
h	mL/g	
h	mL/g	
h	mL/g	

Dodo et Activités

h	à	*h*	○	○	
h	à	*h*	○	○	
h	à	*h*	○	○	
h	à	*h*	○	○	
h	à	*h*	○	○	

Couches

		Commentaires
○	○	
○	○	
○	○	
○	○	
○	○	
○	○	
○	○	

Médicaments et soins

Heure	Nom	Posologie
h		
h		
h		
h		

Bain ○ Oui ○ Non

Un petit mot...

....

....

....

....

....

○ Lun ○ Mar ○ Mer ○ Jeu ○ Ven ○ Sam ○ Dim   Age : ....

Coucher : .... *h* .... Lever : .... *h* .... Commentaire : ....

Repas

Heure	Biberon(s)	Repas / collation(s)
h	mL/g	
h	mL/g	
h	mL/g	
h	mL/g	
h	mL/g	

Dodo et Activités

h à *h*	○	○	
h à *h*	○	○	
h à *h*	○	○	
h à *h*	○	○	
h à *h*	○	○	

Couches

Médicaments et soins

		Commentaires	Heure	Nom	Posologie
○	○		*h*		
○	○		*h*		
○	○		*h*		
○	○		*h*		
○	○				
○	○				
○	○				

Bain ○ Oui ○ Non

Un petit mot...

○ Lun   ○ Mar   ○ Mer   ○ Jeu   ○ Ven   ○ Sam   ○ Dim   Age :

Coucher :   *h*   Lever :   *h*   Commentaire :

Repas

Heure	Biberon(s)	Repas / collation(s)
h	mL/g	
h	mL/g	
h	mL/g	
h	mL/g	
h	mL/g	

Dodo et Activités

h	à	*h*	○	○	
h	à	*h*	○	○	
h	à	*h*	○	○	
h	à	*h*	○	○	
h	à	*h*	○	○	

Couches

		Commentaires
○	○	
○	○	
○	○	
○	○	
○	○	
○	○	
○	○	

Médicaments et soins

Heure	Nom	Posologie
h		
h		
h		
h		

Bain   ○ Oui   ○ Non

Un petit mot...

○ Lun ○ Mar ○ Mer ○ Jeu ○ Ven ○ Sam ○ Dim   Age :

Coucher : _____ h   Lever : _____ h   Commentaire :

Repas

Heure	Biberon(s)	Repas / collation(s)
_____ h	_____ mL/g	
_____ h	_____ mL/g	
_____ h	_____ mL/g	
_____ h	_____ mL/g	
_____ h	_____ mL/g	

Dodo et Activités

_____ h à _____ h	○	○	
_____ h à _____ h	○	○	
_____ h à _____ h	○	○	
_____ h à _____ h	○	○	
_____ h à _____ h	○	○	

Couches

		Commentaires
○	○	
○	○	
○	○	
○	○	
○	○	
○	○	
○	○	

Médicaments et soins

Heure	Nom	Posologie
_____ h		
_____ h		
_____ h		
_____ h		

Bain   ○ Oui   ○ Non

Un petit mot...

....

....

....

....

....

○ Lun ○ Mar ○ Mer ○ Jeu ○ Ven ○ Sam ○ Dim   Age :

....

Coucher :   *h*   Lever :   *h*   Commentaire :

Repas

Heure	Biberon(s)	Repas / collation(s)
h	mL/g	
h	mL/g	
h	mL/g	
h	mL/g	
h	mL/g	

Dodo et Activités

h à *h*   ○   ○
h à *h*   ○   ○
h à *h*   ○   ○
h à *h*   ○   ○
h à *h*   ○   ○

Couches

		Commentaires
○	○	
○	○	
○	○	
○	○	
○	○	
○	○	
○	○	

Médicaments et soins

Heure	Nom	Posologie
h		
h		
h		
h		

Bain   ○ Oui   ○ Non

Un petit mot...

○ Lun ○ Mar ○ Mer ○ Jeu ○ Ven ○ Sam ○ Dim   Age : ....

Coucher : *h*   Lever : *h*   Commentaire : ....

Repas

Heure	Biberon(s)	Repas / collation(s)
h	mL/g	
h	mL/g	
h	mL/g	
h	mL/g	
h	mL/g	

Dodo et Activités

h à *h*	○	○	
h à *h*	○	○	
h à *h*	○	○	
h à *h*	○	○	
h à *h*	○	○	

Couches

		Commentaires
○	○	
○	○	
○	○	
○	○	
○	○	
○	○	
○	○	

Médicaments et soins

Heure	Nom	Posologie
h		
h		
h		
h		

Bain   ○ Oui   ○ Non

Un petit mot...

....
....
....
....
....

○ Lun ○ Mar ○ Mer ○ Jeu ○ Ven ○ Sam ○ Dim   Age :

....

☾ Coucher : *h*   ☀ Lever : *h*   Commentaire : ....

Repas

Heure	Biberon(s)	Repas / collation(s)
h	mL/g	
h	mL/g	
h	mL/g	
h	mL/g	
h	mL/g	

Dodo et Activités

h à *h*	○	○	
h à *h*	○	○	
h à *h*	○	○	
h à *h*	○	○	
h à *h*	○	○	

Couches

		Commentaires
○	○	
○	○	
○	○	
○	○	
○	○	
○	○	
○	○	

Médicaments et soins

Heure	Nom	Posologie
h		
h		
h		
h		

Bain ○ Oui ○ Non

Un petit mot...

....

....

....

....

....

○ Lun   ○ Mar   ○ Mer   ○ Jeu   ○ Ven   ○ Sam   ○ Dim   Age :

Coucher :   _h_   ☀ Lever :   _h_   Commentaire :

Repas

Heure	Biberon(s)	Repas / collation(s)
_h_	mL/g	
_h_	mL/g	
_h_	mL/g	
_h_	mL/g	
_h_	mL/g	

Dodo et Activités

_h_   à   _h_   ○   ○
_h_   à   _h_   ○   ○
_h_   à   _h_   ○   ○
_h_   à   _h_   ○   ○
_h_   à   _h_   ○   ○

Couches

Médicaments et soins

		Commentaires	Heure	Nom	Posologie
○	○		_h_		
○	○		_h_		
○	○		_h_		
○	○		_h_		
○	○				
○	○				
○	○				

Bain   ○ Oui   ○ Non

Un petit mot...

○ Lun   ○ Mar   ○ Mer   ○ Jeu   ○ Ven   ○ Sam   ○ Dim   Age : ....

....

☾ Coucher : ..... h ..... ☀ Lever : ..... h ..... Commentaire : ....

🍴 Repas

Heure	Biberon(s)	Repas / collation(s)
..... h	.... mL/g	....
..... h	.... mL/g	....
..... h	.... mL/g	....
..... h	.... mL/g	....
..... h	.... mL/g	....

Dodo et Activités

..... h ..... à ..... h .....   ○   ○ ....
..... h ..... à ..... h .....   ○   ○ ....
..... h ..... à ..... h .....   ○   ○ ....
..... h ..... à ..... h .....   ○   ○ ....
..... h ..... à ..... h .....   ○   ○ ....

Couches

💧	💩	Commentaires
○	○	....
○	○	....
○	○	....
○	○	....
○	○	....
○	○	....
○	○	....

Médicaments et soins

Heure	Nom	Posologie
..... h	....	....
..... h	....	....
..... h	....	....
..... h	....	....

🦆 Bain   ○ Oui   ○ Non

Un petit mot...

....

....

....

....

....

○ Lun ○ Mar ○ Mer ○ Jeu ○ Ven ○ Sam ○ Dim   Age : ....

Coucher : ...... *h* ...... Lever : ...... *h* ...... Commentaire : ....

Repas

Heure	Biberon(s)	Repas / collation(s)
h	.... mL/g	
h	.... mL/g	
h	.... mL/g	
h	.... mL/g	
h	.... mL/g	

Dodo et Activités

h à *h*   ○   ○ ....
h à *h*   ○   ○ ....
h à *h*   ○   ○ ....
h à *h*   ○   ○ ....
h à *h*   ○   ○ ....

Couches

		Commentaires
○	○	....
○	○	....
○	○	....
○	○	....
○	○	....
○	○	....
○	○	....

Médicaments et soins

Heure	Nom	Posologie
h		
h		
h		
h		

Bain   ○ Oui   ○ Non

Un petit mot...

....
....
....
....
....

○ Lun   ○ Mar   ○ Mer   ○ Jeu   ○ Ven   ○ Sam   ○ Dim   Age :

....

🌙 Coucher :   *h*   ☀ Lever :   *h*   Commentaire :

Repas

Heure	Biberon(s)	Repas / collation(s)
h	mL/g	
h	mL/g	
h	mL/g	
h	mL/g	
h	mL/g	

Dodo et Activités

h	*à*	*h*	○	○
h	*à*	*h*	○	○
h	*à*	*h*	○	○
h	*à*	*h*	○	○
h	*à*	*h*	○	○

Couches

		Commentaires
○	○	
○	○	
○	○	
○	○	
○	○	
○	○	
○	○	

Médicaments et soins

Heure	Nom	Posologie
h		
h		
h		
h		

Bain   ○ Oui   ○ Non

Un petit mot...

♥   ♥

....
....
....
....
....

○Lun ○Mar ○Mer ○Jeu ○Ven ○Sam ○Dim   Age : ....

Coucher : ____ h   ☀ Lever : ____ h   Commentaire : ....

Repas

Heure	Biberon(s)	Repas / collation(s)
____ h	.... mL/g	....
____ h	.... mL/g	....
____ h	.... mL/g	....
____ h	.... mL/g	....
____ h	.... mL/g	....

Dodo et Activités

____ h	à	____ h	○	○	....
____ h	à	____ h	○	○	....
____ h	à	____ h	○	○	....
____ h	à	____ h	○	○	....
____ h	à	____ h	○	○	....

Couches

		Commentaires
○	○	....
○	○	....
○	○	....
○	○	....
○	○	....
○	○	....
○	○	....

Médicaments et soins

Heure	Nom	Posologie
____ h	....	....
____ h	....	....
____ h	....	....
____ h	....	....

Bain   ○ Oui   ○ Non

Un petit mot...

....

....

....

....

....

○ Lun ○ Mar ○ Mer ○ Jeu ○ Ven ○ Sam ○ Dim   Age : ....

....

☾ Coucher : **h** ...... ☀ Lever : **h** ...... Commentaire : ....

Repas

Heure	Biberon(s)	Repas / collation(s)
h	.... mL/g	
h	.... mL/g	
h	.... mL/g	
h	.... mL/g	
h	.... mL/g	

Dodo et Activités

h .... **à** .... **h**	○	○	....
h .... **à** .... **h**	○	○	....
h .... **à** .... **h**	○	○	....
h .... **à** .... **h**	○	○	....
h .... **à** .... **h**	○	○	....

Couches

💧	💩	Commentaires
○	○	....
○	○	....
○	○	....
○	○	....
○	○	....
○	○	....
○	○	....

Médicaments et soins

Heure	Nom	Posologie
h		
h		
h		
h		

Bain ○ Oui   ○ Non

Un petit mot...

♥ .... ♥

....

....

....

....

....

○ Lun ○ Mar ○ Mer ○ Jeu ○ Ven ○ Sam ○ Dim   Age : ....

Coucher : .... *h* ☀ Lever : .... *h* Commentaire : ....

Repas

Heure	Biberon(s)	Repas / collation(s)
h	.... mL/g	....
h	.... mL/g	....
h	.... mL/g	....
h	.... mL/g	....
h	.... mL/g	....

Dodo et Activités

h à *h*	○	○	....
h à *h*	○	○	....
h à *h*	○	○	....
h à *h*	○	○	....
h à *h*	○	○	....

Couches   ## Médicaments et soins

		Commentaires	Heure	Nom	Posologie
○	○	....	*h*	....	....
○	○	....	*h*	....	....
○	○	....	*h*	....	....
○	○	....	*h*	....	....
○	○	....			
○	○	....			
○	○	....			

Bain ○ Oui ○ Non

Un petit mot...

....

....

....

....

....

○ Lun ○ Mar ○ Mer ○ Jeu ○ Ven ○ Sam ○ Dim   Age : ....

....

Coucher : *h* .... Lever : *h* ...... Commentaire : ....

Repas

Heure	Biberon(s)	Repas / collation(s)
h	mL/g	
h	mL/g	
h	mL/g	
h	mL/g	
h	mL/g	

Dodo et Activités

h à *h*	○	○		
h à *h*	○	○		
h à *h*	○	○		
h à *h*	○	○		
h à *h*	○	○		

Couches

		Commentaires
○	○	
○	○	
○	○	
○	○	
○	○	
○	○	
○	○	

Médicaments et soins

Heure	Nom	Posologie
h		
h		
h		
h		

Bain   ○ Oui   ○ Non ....

Un petit mot...

....

....

....

....

....

○ Lun ○ Mar ○ Mer ○ Jeu ○ Ven ○ Sam ○ Dim   Age : ....

Coucher : .... *h* Lever : .... *h* Commentaire : ....

Repas

Heure	Biberon(s)	Repas / collation(s)
h	.... mL/g	....
h	.... mL/g	....
h	.... mL/g	....
h	.... mL/g	....
h	.... mL/g	....

Dodo et Activités

h ... à ... *h* ...	○	○
h ... à ... *h* ...	○	○
h ... à ... *h* ...	○	○
h ... à ... *h* ...	○	○
h ... à ... *h* ...	○	○

Couches

		Commentaires
○	○	....
○	○	....
○	○	....
○	○	....
○	○	....
○	○	....
○	○	....

Médicaments et soins

Heure	Nom	Posologie
h	....	....
h	....	....
h	....	....
h	....	....

Bain   ○ Oui   ○ Non

Un petit mot...

....
....
....
....
....

○ Lun   ○ Mar   ○ Mer   ○ Jeu   ○ Ven   ○ Sam   ○ Dim   Age : ....

Coucher :   ___ h   Lever :   ___ h   Commentaire : ....

Repas

Heure	Biberon(s)	Repas / collation(s)
___ h	.... mL/g	....
___ h	.... mL/g	....
___ h	.... mL/g	....
___ h	.... mL/g	....
___ h	.... mL/g	....

Dodo et Activités

___ h   à   ___ h ....   ○   ○ ....
___ h   à   ___ h ....   ○   ○ ....
___ h   à   ___ h ....   ○   ○ ....
___ h   à   ___ h ....   ○   ○ ....
___ h   à   ___ h ....   ○   ○ ....

Couches

		Commentaires
○	○	....
○	○	....
○	○	....
○	○	....
○	○	....
○	○	....
○	○	....

Médicaments et soins

Heure	Nom	Posologie
___ h		
___ h		
___ h		
___ h		

Bain   ○ Oui   ○ Non ....

Un petit mot...

....
....
....
....
....
....

○ Lun ○ Mar ○ Mer ○ Jeu ○ Ven ○ Sam ○ Dim   Age : ....

Coucher : .... *h* .... Lever : .... *h* .... Commentaire : ....

Repas

Heure	Biberon(s)	Repas / collation(s)
h	mL/g	....
h	mL/g	....
h	mL/g	....
h	mL/g	....
h	mL/g	....

Dodo et Activités

h	à	*h*	○	○ ....
h	à	*h*	○	○ ....
h	à	*h*	○	○ ....
h	à	*h*	○	○ ....
h	à	*h*	○	○ ....

Couches

Médicaments et soins

		Commentaires	Heure	Nom	Posologie
○	○	....	*h*	....	....
○	○	....	*h*	....	....
○	○	....	*h*	....	....
○	○	....	*h*	....	....
○	○	....			
○	○	....			
○	○	....			

Bain   ○ Oui   ○ Non

Un petit mot...

....
....
....
....
....

○ Lun ○ Mar ○ Mer ○ Jeu ○ Ven ○ Sam ○ Dim   Age : ....
....

☾ Coucher : *h* ☀ Lever : *h*   Commentaire : ....

Repas

Heure	Biberon(s)	Repas / collation(s)
h	mL/g	
h	mL/g	
h	mL/g	
h	mL/g	
h	mL/g	

Dodo et Activités

h à *h* ○ ○ ....
h à *h* ○ ○ ....
h à *h* ○ ○ ....
h à *h* ○ ○ ....
h à *h* ○ ○ ....

Couches

💧	💩	Commentaires
○	○	....
○	○	....
○	○	....
○	○	....
○	○	....
○	○	....
○	○	....

Médicaments et soins

Heure	Nom	Posologie
h		
h		
h		
h		

Bain   ○ Oui   ○ Non ....

Un petit mot...

....
....
....
....
....
....

○Lun ○Mar ○Mer ○Jeu ○Ven ○Sam ○Dim   Age : ....

Coucher : ...... h ...... ☀ Lever : ...... h ...... Commentaire : ....

Repas

Heure	Biberon(s)	Repas / collation(s)
...... h	...... mL/g	....
...... h	...... mL/g	....
...... h	...... mL/g	....
...... h	...... mL/g	....
...... h	...... mL/g	....

Dodo et Activités

...... h à ...... h   ○   ○
...... h à ...... h   ○   ○
...... h à ...... h   ○   ○
...... h à ...... h   ○   ○
...... h à ...... h   ○   ○

Couches

		Commentaires
○	○	....
○	○	....
○	○	....
○	○	....
○	○	....
○	○	....
○	○	....

Médicaments et soins

Heure	Nom	Posologie
...... h		
...... h		
...... h		
...... h		

Bain ○ Oui ○ Non

Un petit mot...

....

....

....

....

○ Lun ○ Mar ○ Mer ○ Jeu ○ Ven ○ Sam ○ Dim   Age :

🌙 Coucher : *h*   ☀️ Lever : *h*   Commentaire :

Repas

Heure	Biberon(s)	Repas / collation(s)
h	mL/g	
h	mL/g	
h	mL/g	
h	mL/g	
h	mL/g	

Dodo et Activités

h	à	*h*	○	○	
h	à	*h*	○	○	
h	à	*h*	○	○	
h	à	*h*	○	○	
h	à	*h*	○	○	

Couches

		Commentaires
○	○	
○	○	
○	○	
○	○	
○	○	
○	○	
○	○	

Médicaments et soins

Heure	Nom	Posologie
h		
h		
h		
h		

🦆 **Bain**   ○ Oui   ○ Non

Un petit mot...

○ Lun ○ Mar ○ Mer ○ Jeu ○ Ven ○ Sam ○ Dim   Age : ....

☾ Coucher : .... *h* ...... ☀ Lever : .... *h* ...... Commentaire : ....

Repas

Heure	Biberon(s)	Repas / collation(s)
h	.... mL/g	
h	.... mL/g	
h	.... mL/g	
h	.... mL/g	
h	.... mL/g	

Dodo et Activités

h .... *à* .... *h*	○	○		
h .... *à* .... *h*	○	○		
h .... *à* .... *h*	○	○		
h .... *à* .... *h*	○	○		
h .... *à* .... *h*	○	○		

Couches

		Commentaires
○	○	
○	○	
○	○	
○	○	
○	○	
○	○	
○	○	

Médicaments et soins

Heure	Nom	Posologie
h		
h		
h		
h		

🦆 *Bain*   ○ Oui   ○ Non ....

Un petit mot...

....
....
....
....
....

○ Lun ○ Mar ○ Mer ○ Jeu ○ Ven ○ Sam ○ Dim   Age :

....

🌙 Coucher : ......*h*...... ☀ Lever : ......*h*...... Commentaire : ....

Repas

Heure	Biberon(s)	Repas / collation(s)
h	mL/g	
h	mL/g	
h	mL/g	
h	mL/g	
h	mL/g	

Dodo et Activités

h à *h*	○	○	
h à *h*	○	○	
h à *h*	○	○	
h à *h*	○	○	
h à *h*	○	○	

Couches

💧	💩	Commentaires
○	○	
○	○	
○	○	
○	○	
○	○	
○	○	
○	○	

Médicaments et soins

Heure	Nom	Posologie
h		
h		
h		
h		

Bain   ○ Oui   ○ Non

Un petit mot...

....
....
....
....
....
....

○ Lun   ○ Mar   ○ Mer   ○ Jeu   ○ Ven   ○ Sam   ○ Dim   Age : ....

Coucher : ___ h ☀ Lever : ___ h   Commentaire : ....

Repas

Heure	Biberon(s)	Repas / collation(s)
___ h	___ mL/g	
___ h	___ mL/g	
___ h	___ mL/g	
___ h	___ mL/g	
___ h	___ mL/g	

Dodo et Activités

___ h	à	___ h	○	○	
___ h	à	___ h	○	○	
___ h	à	___ h	○	○	
___ h	à	___ h	○	○	
___ h	à	___ h	○	○	

Couches

		Commentaires
○	○	....
○	○	....
○	○	....
○	○	....
○	○	....
○	○	....
○	○	....

Médicaments et soins

Heure	Nom	Posologie
___ h		
___ h		
___ h		
___ h		

Bain   ○ Oui   ○ Non

Un petit mot...

....

....

....

....

....

○ Lun ○ Mar ○ Mer ○ Jeu ○ Ven ○ Sam ○ Dim   Age : ....

....

☾ Coucher : ..... *h* .... ☀ Lever : ..... *h* ..... Commentaire : ....

Repas

Heure	Biberon(s)	Repas / collation(s)
h	mL/g	
h	mL/g	
h	mL/g	
h	mL/g	
h	mL/g	

Dodo et Activités

h à *h*	○	○		
h à *h*	○	○		
h à *h*	○	○		
h à *h*	○	○		
h à *h*	○	○		

Couches

💧	💩	Commentaires
○	○	....
○	○	....
○	○	....
○	○	....
○	○	....
○	○	....
○	○	....

Médicaments et soins

Heure	Nom	Posologie
h		
h		
h		
h		

Bain   ○ Oui   ○ Non

Un petit mot...

....

....

....

....

....

....

○ Lun ○ Mar ○ Mer ○ Jeu ○ Ven ○ Sam ○ Dim   Age : ....

Coucher : .... *h* .... ☀ Lever : .... *h* .... Commentaire : ....

Repas

Heure	Biberon(s)	Repas / collation(s)
h	mL/g	
h	mL/g	
h	mL/g	
h	mL/g	
h	mL/g	

Dodo et Activités

h à *h*	○	○		
h à *h*	○	○		
h à *h*	○	○		
h à *h*	○	○		
h à *h*	○	○		

Couches

		Commentaires
○	○	
○	○	
○	○	
○	○	
○	○	
○	○	
○	○	

Médicaments et soins

Heure	Nom	Posologie
h		
h		
h		
h		

Bain   ○ Oui   ○ Non

Un petit mot...

....
....
....
....
....
....

○ Lun ○ Mar ○ Mer ○ Jeu ○ Ven ○ Sam ○ Dim   Age :

Coucher : ...... *h* ...... Lever : ...... *h* ...... Commentaire : ....

Repas

Heure	Biberon(s)	Repas / collation(s)
h	mL/g	
h	mL/g	
h	mL/g	
h	mL/g	
h	mL/g	

Dodo et Activités

h à *h*	○	○	....
h à *h*	○	○	....
h à *h*	○	○	....
h à *h*	○	○	....
h à *h*	○	○	....

Couches

💧	💩	Commentaires
○	○	....
○	○	....
○	○	....
○	○	....
○	○	....
○	○	....
○	○	....

Médicaments et soins

Heure	Nom	Posologie
h		
h		
h		
h		

Bain ○ Oui ○ Non ....

Un petit mot...

....
....
....
....
....

○ Lun ○ Mar ○ Mer ○ Jeu ○ Ven ○ Sam ○ Dim   Age :

Coucher : *h*   Lever : *h*   Commentaire :

Repas

Heure	Biberon(s)	Repas / collation(s)
h	mL/g	
h	mL/g	
h	mL/g	
h	mL/g	
h	mL/g	

Dodo et Activités

h à *h*   ○   ○
h à *h*   ○   ○
h à *h*   ○   ○
h à *h*   ○   ○
h à *h*   ○   ○

Couches

		Commentaires
○	○	
○	○	
○	○	
○	○	
○	○	
○	○	
○	○	

Médicaments et soins

Heure	Nom	Posologie
h		
h		
h		
h		

Bain   ○ Oui   ○ Non

Un petit mot...

○ Lun ○ Mar ○ Mer ○ Jeu ○ Ven ○ Sam ○ Dim   Age : ....

🌙 Coucher : ___ *h*___ ☀ Lever : ___ *h*___ Commentaire : ....

Repas

Heure	Biberon(s)	Repas / collation(s)
h	mL/g	
h	mL/g	
h	mL/g	
h	mL/g	
h	mL/g	

Dodo et Activités

h à *h*	○	○	
h à *h*	○	○	
h à *h*	○	○	
h à *h*	○	○	
h à *h*	○	○	

Couches

💧	💩	Commentaires
○	○	....
○	○	....
○	○	....
○	○	....
○	○	....
○	○	....
○	○	....

Médicaments et soins

Heure	Nom	Posologie
h		
h		
h		
h		

Bain ○ Oui ○ Non

Un petit mot...

○ Lun   ○ Mar   ○ Mer   ○ Jeu   ○ Ven   ○ Sam   ○ Dim   Age : ....

Coucher : ...... *h* .... Lever : ...... *h* ...... Commentaire : ....

Repas

Heure	Biberon(s)	Repas / collation(s)
h	mL/g	
h	mL/g	
h	mL/g	
h	mL/g	
h	mL/g	

Dodo et Activités

h à *h*	○	○	
h à *h*	○	○	
h à *h*	○	○	
h à *h*	○	○	
h à *h*	○	○	

Couches

		Commentaires
○	○	
○	○	
○	○	
○	○	
○	○	
○	○	
○	○	

Médicaments et soins

Heure	Nom	Posologie
h		
h		
h		
h		

Bain   ○ Oui   ○ Non ....

Un petit mot...

....
....
....
....
....

○ Lun ○ Mar ○ Mer ○ Jeu ○ Ven ○ Sam ○ Dim   Age :

....

🌙 Coucher : _h_ .... ☀ Lever : _h_ .... Commentaire : ....

Repas

Heure	Biberon(s)	Repas / collation(s)
_h_	.... mL/g	....
_h_	.... mL/g	....
_h_	.... mL/g	....
_h_	.... mL/g	....
_h_	.... mL/g	....

Dodo et Activités

_h_ .... à .... _h_	○	○	....
_h_ .... à .... _h_	○	○	....
_h_ .... à .... _h_	○	○	....
_h_ .... à .... _h_	○	○	....
_h_ .... à .... _h_	○	○	....

Couches

💧	💩	Commentaires
○	○	....
○	○	....
○	○	....
○	○	....
○	○	....
○	○	....
○	○	....

Médicaments et soins

Heure	Nom	Posologie
_h_		
_h_		
_h_		
_h_		

🦆 **Bain**   ○ Oui   ○ Non ....

Un petit mot...

....

....

....

....

....

○ Lun ○ Mar ○ Mer ○ Jeu ○ Ven ○ Sam ○ Dim .... Age : ....

Coucher : ..... _h_ .... Lever : ..... _h_ ..... Commentaire : ....

Repas

Heure	Biberon(s)	Repas / collation(s)
_h_	mL/g	
_h_	mL/g	
_h_	mL/g	
_h_	mL/g	
_h_	mL/g	

Dodo et Activités

_h_ à _h_	○	○	
_h_ à _h_	○	○	
_h_ à _h_	○	○	
_h_ à _h_	○	○	
_h_ à _h_	○	○	

Couches

Médicaments et soins

		Commentaires	Heure	Nom	Posologie
○	○		_h_		
○	○		_h_		
○	○		_h_		
○	○		_h_		
○	○				
○	○				
○	○				

Bain   ○ Oui   ○ Non

Un petit mot...

○ Lun ○ Mar ○ Mer ○ Jeu ○ Ven ○ Sam ○ Dim   Age : ....
....

☾ Coucher : *h* .... ☀ Lever : *h* ...... Commentaire : ....

Repas

Heure	Biberon(s)	Repas / collation(s)
h	.... mL/g	
h	.... mL/g	
h	.... mL/g	
h	.... mL/g	
h	.... mL/g	

Dodo et Activités

h .... *à* .... *h*	○	○	
h .... *à* .... *h*	○	○	
h .... *à* .... *h*	○	○	
h .... *à* .... *h*	○	○	
h .... *à* .... *h*	○	○	

Couches

		Commentaires
○	○	....
○	○	....
○	○	....
○	○	....
○	○	....
○	○	....
○	○	....

Médicaments et soins

Heure	Nom	Posologie
h		
h		
h		
h		

Bain   ○ Oui   ○ Non

Un petit mot...

....
....
....
....
....
....

○ Lun ○ Mar ○ Mer ○ Jeu ○ Ven ○ Sam ○ Dim   Age :

Coucher :   *h*   Lever :   *h*   Commentaire :

Repas

Heure	Biberon(s)	Repas / collation(s)
h	mL/g	
h	mL/g	
h	mL/g	
h	mL/g	
h	mL/g	

Dodo et Activités

h à *h*	○	○	
h à *h*	○	○	
h à *h*	○	○	
h à *h*	○	○	
h à *h*	○	○	

Couches

		Commentaires
○	○	
○	○	
○	○	
○	○	
○	○	
○	○	
○	○	

Médicaments et soins

Heure	Nom	Posologie
h		
h		
h		
h		

Bain   ○ Oui   ○ Non

Un petit mot...

○ Lun ○ Mar ○ Mer ○ Jeu ○ Ven ○ Sam ○ Dim   Age : ....

....

🌙 Coucher : ...... *h* ...... ☀️ Lever : ...... *h* ...... Commentaire : ....

Repas

Heure	Biberon(s)	Repas / collation(s)
h	...... mL/g	....
h	...... mL/g	....
h	...... mL/g	....
h	...... mL/g	....
h	...... mL/g	....

Dodo et Activités

h ...... à ...... *h*	○	○	....
h ...... à ...... *h*	○	○	....
h ...... à ...... *h*	○	○	....
h ...... à ...... *h*	○	○	....
h ...... à ...... *h*	○	○	....

Couches

💧	💩	Commentaires
○	○	....
○	○	....
○	○	....
○	○	....
○	○	....
○	○	....
○	○	....

Médicaments et soins

Heure	Nom	Posologie
h		
h		
h		
h		

🦆 **Bain**   ○ Oui   ○ Non

Un petit mot...

....
....
....
....
....
....

○ Lun ○ Mar ○ Mer ○ Jeu ○ Ven ○ Sam ○ Dim   Age : ....

Coucher : *h* .... Lever : *h* ...... Commentaire : ....

Repas

Heure	Biberon(s)	Repas / collation(s)
h	mL/g	....
h	mL/g	....
h	mL/g	....
h	mL/g	....
h	mL/g	....

Dodo et Activités

h à *h*	○	○	....
h à *h*	○	○	....
h à *h*	○	○	....
h à *h*	○	○	....
h à *h*	○	○	....

Couches

		Commentaires
○	○	....
○	○	....
○	○	....
○	○	....
○	○	....
○	○	....
○	○	....

Médicaments et soins

Heure	Nom	Posologie
h	....	....
h	....	....
h	....	....
h	....	....

Bain   ○ Oui   ○ Non

Un petit mot...

....

....

....

....

....

....

○ Lun   ○ Mar   ○ Mer   ○ Jeu   ○ Ven   ○ Sam   ○ Dim   Age : ....

....

🌙 Coucher : ___ *h* ___   ☀ Lever : ___ *h* ___   Commentaire : ....

🍴 Repas

Heure	Biberon(s)	Repas / collation(s)
h	mL/g	
h	mL/g	
h	mL/g	
h	mL/g	
h	mL/g	

Dodo et Activités

h à *h*	○	○		
h à *h*	○	○		
h à *h*	○	○		
h à *h*	○	○		
h à *h*	○	○		

Couches

💧	💩	Commentaires
○	○	
○	○	
○	○	
○	○	
○	○	
○	○	
○	○	

Médicaments et soins

Heure	Nom	Posologie
h		
h		
h		
h		

Bain   ○ Oui   ○ Non

Un petit mot...

....
....
....
....
....

○Lun ○Mar ○Mer ○Jeu ○Ven ○Sam ○Dim   Age :

Coucher : _____ **h** _____ ☀ Lever : _____ **h** _____ Commentaire :

Repas

Heure	Biberon(s)	Repas / collation(s)
h	mL/g	
h	mL/g	
h	mL/g	
h	mL/g	
h	mL/g	

Dodo et Activités

h	à	**h**	○	○	
h	à	**h**	○	○	
h	à	**h**	○	○	
h	à	**h**	○	○	
h	à	**h**	○	○	

Couches   ## Médicaments et soins

		Commentaires	Heure	Nom	Posologie
○	○		**h**		
○	○		**h**		
○	○		**h**		
○	○		**h**		
○	○				
○	○				
○	○				

Bain   ○ Oui   ○ Non

Un petit mot...

○ Lun ○ Mar ○ Mer ○ Jeu ○ Ven ○ Sam ○ Dim   Age : ....

....

🌙 Coucher : ...... *h* ...... ☀ Lever : ...... *h* ...... Commentaire : ....

Repas

Heure	Biberon(s)	Repas / collation(s)
...... *h*	.... mL/g	
...... *h*	.... mL/g	
...... *h*	.... mL/g	
...... *h*	.... mL/g	
...... *h*	.... mL/g	

Dodo et Activités

...... *h* ... à ... *h*	○	○	....
...... *h* ... à ... *h*	○	○	....
...... *h* ... à ... *h*	○	○	....
...... *h* ... à ... *h*	○	○	....
...... *h* ... à ... *h*	○	○	....

Couches

💧	💩	Commentaires
○	○	....
○	○	....
○	○	....
○	○	....
○	○	....
○	○	....
○	○	....

Médicaments et soins

Heure	Nom	Posologie
...... *h*		
...... *h*		
...... *h*		
...... *h*		

🦆 **Bain**   ○ Oui   ○ Non ....

Un petit mot...

❤ ....❤

....

....

....

....

....

....

Lun ○ Mar ○ Mer ○ Jeu ○ Ven ○ Sam ○ Dim   Age : ....

Coucher : *h* .... Lever : *h* ...... Commentaire : ....

Repas

Heure	Biberon(s)	Repas / collation(s)
h	.... mL/g	....
h	.... mL/g	....
h	.... mL/g	....
h	.... mL/g	....
h	.... mL/g	....

Dodo et Activités

h ... à *h* ...	○	○	....
h ... à *h* ...	○	○	....
h ... à *h* ...	○	○	....
h ... à *h* ...	○	○	....
h ... à *h* ...	○	○	....

Couches

		Commentaires
○	○	....
○	○	....
○	○	....
○	○	....
○	○	....
○	○	....
○	○	....

Médicaments et soins

Heure	Nom	Posologie
h	....	....
h	....	....
h	....	....
h	....	....

Bain   ○ Oui   ○ Non

Un petit mot...

....
....
....
....
....

Quelques souvenirs...

Quelques souvenirs…

Printed in France by Amazon
Brétigny-sur-Orge, FR

20556863R00074